Contraste insuffisant

NF Z 43-120-14

G
588

10911.

LES
VOYAGES
DE MONSIEVR
PAYEN,

OV SONT CONTENVES LES
Defcriptions d'Angleterre, de Flandre, de
Brabant, d'Holande, de Dennemarc, de Suede,
de Pologne, d'Allemagne, & d'Italie; où l'on
voit les mœurs des Nations, leurs Maximes
& leur Politique, la Monnoye, la Religion,
le Gouuernement, & les Intereſts de chaque
Païs.

Auec vne Table neceſſaire pour la commodité
des Voyageurs.

A PARIS,

Chez ESTIENNE LOYSON, au Palais,
à l'entrée de la Galerie des Priſonniers,
au Nom de IESVS.

M. DC. LXIII.
AVEC PRIVILEGE DV ROY.

A MONSEIGNEVR
DE LIONNE,
CHEVALIER,
MARQVIS DE BERNY,
Commandeur des Ordres
de Sa Majesté, Secretaire,
& Ministre d'Estat.

MONSEIGNEVR,

Ie n'aurois pas osé pren-
dre la liberté de vous dédier
mes Voyages, s'il eut esté

EPISTRE.

à mon choix de m'en pou-
uoir dispenser sans com-
mettre la plus grande in-
justice du monde : Et ie ne
vous celeray point, MON-
SEIGNEVR, que i'ay
long-temps balancé entre le
respect & le deuoir, auant
que de m'y resoudre ; mais
enfin le dernier l'a emporté,
& i'ay crû qu'en un temps
où vous estes l'admiration
de tout le monde, ç'auroit
esté une espece de crime de
ne pas reconnoistre un merite si generalement connu,
& de demeurer dans le

silence, lors que toute la Terre parle de Vous; principalement, MONSEI-GNEVR, puis que l'honneur que i'ay de vostre protection me donne cet auantage de pouuoir publier plus justement qu'aucun autre, ce qui vous fait meriter l'estime du plus grand de tous les Monarques. I'espere, MONSEIGNEVR, que vous excuserez cette hardiesse, si vous considerez l'obligation indispensable que i'ay de vous rendre vne chose qui vous appartient,

EPISTRE.

& de vous confacrer des connoiffances étrangeres, que ie n'ay acquifes qu'à la faueur de voftre Nom. C'eft dans cette feule penfée, MONSEIGNEVR, que ie vous offre ce Liure, & pour feruir d'vn témoignage public du grand zele & de la paffion auec laquelle ie fuis,

MONSEIGNEVR,

Voftre tres-humble & tres-obeiffant Seruiteur,

PAYEN.

AV
LECTEVR.

PLVSIEVRS person-
nes ont écrit sur le
mesme sujet que ie
traitte; & nous auons veu
tant de Relations des Païs
étrangers, qu'il n'y a plus
que la diuersité du style &
des expressions qui puisse y
mettre de la diference. Peut-
estre que ma façon d'écrire
dans ces Voyages, n'aura pas
vn meilleur succés que quan-

cité d'autres, & que mes fentimens feront trop libres.
Quoy qu'il en foit, n'attens
pas, Lecteur, que ie t'en faffe
de grandes excufes; car ce
n'eft point fimplement pour
ta fatisfaction particuliere
que ce Liure voit le jour,
& il me fuffit de dire que
les obligations que i'ay
au plus grand Homme de
noftre Siecle, me l'ont fait
donner au Public: C'eft
pour luy feul que i'ay trauaillé, c'eft à luy feul que ie
me foûmets, & i'auray bien
reüffy, fi i'ay l'honneur de
luy plaire.

TABLE DES CHAPITRES
contenus dans ce Liure.

TABLE.

Extrait du Priuilege du Roy.

PAr Grace & Priuilege du Roy, donné à
Paris le 4. iour de Feurier 1663. Signé, Par
le Roy en son Conseil, GVITONNEAV : Il est
permis à Estienne Loyson Marchand Libraire
à Paris, d'imprimer, vendre, & debiter vn Liure
intitulé, *Les Voyages de Monsieur PAYEN*, & ce
durant le temps & espace de dix années entieres & accomplies, à commencer du iour que
ledit Liure sera acheué d'imprimer pour la premiere fois, en telle marge, caractere, & autant
de fois que bon luy semblera : Et defenses sont
faites à toutes personnes, de quelque qualité &
condition qu'ils soient, d'imprimer, faire imprimer, vendre, & debiter ledit Liure, sans le
consentement de l'Exposant, ou de ceux qui
auront droict de luy, à peine de trois mille
liures d'amende, & de tous despens, dommages
& interests, ainsi qu'il est plus au long porté
audit Priuilege.

Regiftré dans le Liure de la Communauté
le 4. jour de May 1663. suiuant l'Arrest de la
Cour de Parlement. Signé, I. DV BRAY, Syndic.

*Acheué d'imprimer pour la premiere fois
le 8. iour de May 1663.*

Les Exemplaires ont esté fournis.

Parca manus Belgis, Anglisque superbia regnat,
Germanis Bacchus, fronsq; proterua Lechis. *
Gens est Sueca rapax, vindictæ Romula seruit,
Hispanus grauis est, Gallia mente leuis.

Diuitiæ Belgis, Anglis audacia summa est,
Germanis animus, libera mensque Lechis.
Pugnaces dicant Suecos Romamque sagacem;
Prudens Hispanus, Gallia fortis, erit.

I'ay fait ces huit Vers Latins, & ie les ay mis au commencement de cet Ouurage, afin de donner d'abord quelque idée du génie & du tempérament de ceux dont ie veux parler; le style en est assez court, on pourra plus facilement les retenir.

* *Poloni dicuntur Lechi à Lecho Rege.*

LE
VOYAGE
D'ANGLETERRE.

CHAPITRE I.

De la qualité du Païs, & des mœurs des Anglois.

E Royaume d'Angleterre eſt vne Iſle fermée de la Mer Occeane, voiſine de la France, & qui regarde le Midy. La terre y eſt extrémement fertile, & riche en Mines de cuivre, d'étain. de plomb, & de fer : Les pâturages y ſont merueilleux, les laines pretieuſes, & les Draps tres-recherchez ; il s'en fait vn trafic pour plus

A

de deux millions d'or. Le Vin n'y croît
point; mais la Biere qui s'y brasse, est
la meilleure du monde. Les maladies
sont rares; Les Asnes, les Mulets, &
les Loups, ne s'y rencontrent plus.
Quelques Autheurs ont écrit de la retraite des derniers assez diuersement:
Les vns en attribuënt la cause à vne
proprieté secrete, & à vne antipathie
naturelle; Les autres niënt cette qualité occulte, & rapportent qu'autrefois ceux qui estoient condamnez à
l'exil, ne pouuoient reuenir de leur
banissement, qu'apres auoir apporté
vn certain nombre de testes & de langues de Loups qu'ils auroient tuez, &
que par le moyen de cette Chasse le
Païs fut nettoyé. Les Guildins sont
assez connus, & les Chapons de Kent
ne sont pas moins delicats que ceux du
Mans. L'air est grossier, & fort sujet
aux vents, aux pluyes, & aux broüil-
lars.

Les Gentilshommes Anglois sont
extrémement bien nez: Ils sont presque tous grands, beaux, & adroits; ils
sçauent les exercices, & parlent les

Langues étrangeres; font ciuils, ne manquent point de conduite dans leurs affaires, & n'ont pas moins d'auantages pour l'esprit, que de belles qualitez pour le corps. Le Peuple fier & superbe est éloigné d'vn si juste temperament; il est si fort adonné au larcin, que ne pouuant satisfaire sur la Terre à ses mauuaises inclinations, il monte en Mer, écume, & pyrate de toutes parts : Il est naturellement gourmand & yvrogne ; c'est l'obliger au dernier poinct, que de conuier les Femmes au Cabaret.

Les Roys d'Angleterre ont tiré tribut des Corsaires qui couroient la Mer Occeane, à la façon du Vice-Roy d'Algier, qui donne retraite aux Pyrates pour participer à leur butin.

Pour estre Noble, il suffit de viure de ses rentes : Les Ducs, & les Barons, estant accusez du crime de leze-Majesté, ne peuuent estre jugez que par leurs Confreres.

CHAPITRE II.

Des Forces & de la Religion d'Angleterre.

L'Angleterre a pû mettre en Mer quatre cens Voiles, & fournir cent mille hommes : La Caualerie ne s'est iamais renduë si recommandable que l'Infanterie ; c'est pourquoy Edoüard IV. qui fit de si grands exploits, auoit coustume de quitter au Combat son Cheual, & de se battre à pied.

Le Royaume a esté Catholique jusqu'au Regne de Henry VIII. qui épousa Catherine fille de Ferdinand d'Aragon, & d'Isabelle de Castille. Il eut de cette Princesse deux enfans masles, qui moururent en bas âge, & deux filles. Ce Prince apres vingt ans de mariage, conceut vn si grand dégoust de sa femme, qu'il changea toute son affection en vne haine qui ne se

peut exprimer. Le Cardinal de Volſſay
ſon Fauory, & ennemy juré de la
Reyne, s'en apperceuant, contribua
de tout ſon pouuoir au diuorce, & fit
naiſtre dans l'eſprit du Roy quelque
ſcrupule d'auoir épouſé la meſme femme que ſon frere Artus. Henry, trop
bien perſuadé de ſes mauuais raiſon-
nemens, voulut rompre auec Catherine, & prendre en ſa place Anne de
Bolen, qu'il aimoit extrémement.
Pour cet effet il enuoya au Pape, qui
luy refuſa la diſpenſe ; ce qui n'empeſ-
cha point que la Reyne ne fût repu-
diée, & que le Roy ne ſatisfiſt à ſon
aueugle paſſion. Ce Mariage accom-
ply, Sa Majeſté en reconnoiſſance des
bons offices que Sa Sainteté luy auoit
rendus, fit ordonner en vne aſſemblée
des Eſtats Generaux, que perſonne
n'eût plus à reconnoiſtre l'authorité
Papale, ſe fit declarer Chef de l'Egliſe
Anglicanne, prit les décimes & les
anates, & fit entendre que c'eſtoit
elle qui reformeroit les abus, & que
deformais on appelleroit le Pape Eueſque de Rome. On confiſqua les biens

des Monasteres, & on ruina dix mille
Eglises l'an 1540.

Edoüard VI. luy succeda, qui prit
auec le titre de Roy, celuy de Chef de
l'Eglise Anglicanne. Ce fut sous ce
Prince que les Ministres Lutheriens
furent introduits aux Chaires par Sei-
mer son oncle.

Apres sa mort, Marie fille legitime
de Henry VIII. vint à la Couronne.
Cette Princesse fit ses efforts pour ré-
tablir la Religion Catholique; mais
le peu de temps qu'elle vescût, ne le
permit point. Elle auoit épousé Philippes II. fils de l'Empereur Charles-
quint.

Elizabeth, fille d'Anne de Bolen,
luy succeda, qui craignant que le
Royaume ne luy fût disputé par le
Pape & les Catholiques, permit que
les Ceremonies de son Couronnement
fussent selon l'Eglise Romaine. Mais
apres elle exila les Predicateurs, se
fit reconnoistre aux Estats Generaux
(qu'elle conuoqua) Souueraine au
spirituel & au temporel, elle abolit
entierement la Messe, & ordonna de

grandes peines pour ceux qui l'enten-
deroient; de forte que le lendemain
de S. Iean Baptiste l'an 1559. on vit
ceffer les Meffes, & le Diuin Office.

Apres que les Catholiques furent
fortis d'Angleterre, le Royaume em-
braffa tant de Religions diferentes,
qu'on peut dire qu'il n'en eut aucune.
En effet, les Caluiniftes, les Lutheriens, les Anabaptiftes, les Ariens, &
les Trembleurs, ont occupé fucceffiue-
ment les Chaires, & fe font continuellement efforcez de l'emporter les vns
fur les autres. Toutes ces miferables
Sectes ne fçauroient s'accorder qu'au
feul regard du Pape, qu'elles rejettent
& maudiffent d'vne commune voix.

CHAPITRE III.
De la Ville de Londre.

LOndre, Capitale & la premiere
du Royaume, eft à trente milles
de la Mer, fur les riuages de la Tamife,

le ſejour ordinaire des Roys, & le lieu
du Commerce.

Cette Ville eſt diuiſée en deux branches par la riuiere, & ſe rejoint par vn
tres-beau Pont de pierre de taille de
dix-neuf arches, long de ſix cens pas,
& garny des deux coſtez de baſtimens
ſuperbes.

Le Chaſteau appellé communément
la Tour de Londre, eſt vne Place re-
marquable pour ſa ſituation, le lieu
du Treſor où l'on bat Monnoye, &
l'Arſenal de la Guerre.

Dans le premier des Magazins on
voit des Cuiraſſes, des Fuſils, Piſtolets,
Mouſquetons, Epées, Lances, & Ia-
uelots, pour armer cent mille hommes.

Dans le deuxiéme, on conſerue quatre mille Lances que les Anglois remporterent ſur les Eſpagnols en l'année
1588. dans cette fameuſe Bataille où
le Duc de Medina Sidonia, Generaliſ-
ſime, commandoit pour le Roy d'Eſpagne. Ie vous diray en peu de mots
l'eſtat de cette Armée qu'on appelloit
l'Inuincible, d'vn appareil extraordi-

naire, & compofée de cent cinquante
Voiles, de quarante mille combattans, fans les Officiers, les Volontai-
res, & leurs Seruiteurs. Ses munitions eftoient.

Quinze mille quintaux de Bifcuit.

Quinze mille fept cens pipes de Vin.

Six mille cinq cens quintaux de
Lard.

Trois mille quatre cens trente-trois
quintaux de Fromage.

Huit mille quintaux de Poiffon fec.

Vnze mille trois cens nonante me-
fures d'Huile.

Vingt-trois mille huit cens cin-
quante-vne pipes d'eau douce.

Du Ris pour fix mois.

Les Armes de referue eftoient.

Sept mille Arquebufes.

Dix mille Moufquets.

Dix mille Lances.

Sept cens Pertuifannes.

Six mille Piques.

Et autres inftrumens neceffaires
pour fept cens Pionniers.

Dans ce nombre & cet équipage,
l'Armée partit du Port de Lifbone le

A v

vingt-vniéme Iuillet, l'an 1588.

L'issuë de cette guerre funeste aux Espagnols, se peut voir dans la Description imprimée à Lisbone.

Dans le troisiéme Magazin sont.

Henry VII. qui regna vingt-quatre ans, & mourut en 1310.

Edoüard IV. qui regna cinquante-vn an, & mourut en 1348. Il assiegea Calais auec vne Flote de cinq cens Voiles, qui portoit quarante mille hommes.

Guillaume le Conquerant, qui regna vingt-vn an, & mourut en 1428.

Henry VI. qui regna trente-huit ans, & mourut en 1461.

Henry VIII. qui regna trente-huit ans, & mourut en 1547. Ce Prince entreprit le Siege de Bologne auec mille Vaisseaux.

Herlan Leister General des Armées de la Reyne Elizabeth.

Charles Brandon, Duc de Sofox.

Tous montez sur des Cheuaux, & reuestus des mesmes armures qu'ils portoient au Combat.

On y voit encor deux Pieces d'artil-

lerie, l'vne jette fept bales, & l'autre
trois, auec deux gros Canons de bois
liez de cercles de fer, dont fe feruit
Henry VIII. au Siege de Boulogne.

Ce Chafteau eft fitué fur la Tamife,
& commande à la Ville, non point
pour la force de fes Tours, mais pour
la quantité de fes munitions, la bonne
garnifon, & les eaux dont il eft en-
fermé.

Les Eglifes de S. Pierre & de S. Paul
font extrémement belles. La premiere
eft enrichie des magnifiques Tom-
beaux de S. Edoüard Confeffeur, Roy
de Saxe, le premier qui guerit le mal
de S. Iean. Ce bon Prince regna trois
années, & fut tué par Alfrede fa Ma-
ratre l'an 978. du depuis Canonifé.

Du Roy Edoüard I. Ce Prince ef-
tant veuf de Leonore de Caftille,
époufa en l'année 1299. Marguerite
de France fille de Philippes le Hardy,
Roy de France, & de Marie de Brabant fa feconde femme. Il regna trente
cinq ans, & mourut en 1368.

Du Roy Richard II. & de fa femme
Elizabeth de France, cinquiéme fille

de Charles VI. Roy de France. Le Traitté de ce Mariage se fit en 1395. Ce Roy mourut en 1400. Elizabeth après son deceds épousa Charles Duc d'Orleans, qui de Marie de Cleues sa seconde femme eut Louis VIII. qui a esté depuis Roy de France.

Du Roy Henry III. qui regna cinquante-six ans, & mourut en 1403.

Du Roy Henry V. & de sa femme Catherine de Valois, fille de France. Ce Mariage se fit à Troyes en Champagne le 20. May 1420. Il regna neuf ans, & mourut en 1423.

Du Roy Edoüard III. qui institua l'Ordre de la Iarretiere.

De la Reyne Marie, fille de Henry VIII. qui regna cinq ans, & mourut en l'année 1558.

De Marie Reyne d'Escosse. Cette Princesse épousa en premieres nopces François II. Roy de France, duquel n'ayant point eu d'enfans, elle se remaria auec Henry d'Arley, dit Stuart. De ce Mariage est issu Iacques Roy d'Angleterre, d'Escosse, & d'Irlande.

Du Comte d'Essex, que la Reyne

Elizabeth fit mourir, apres auoir esté long-temps son Ministre & son Fauory.

Du Comte d'Essex son fils, General des Armées de Cromvvel, contre le Roy d'Angleterre.

Du Duc & de la Duchesse d'York.

Du Cœur de Monsieur de Beaumont, Ambassadeur en Angleterre pour Sa Majesté Tres-Chrestienne.

Du Duc de Bouquinquan & de sa femme. Il fut poignardé par le Capitaine Felton dans la Ville de Posmot.

De la Reyne Elizabeth, qui regna cinquante-cinq ans, & mourut en 1603. Entre cette Princesse & Henry III. Roy de France & de Pologne, estant seulement Duc d'Anjou, on proposa quelques Articles de Mariage l'an 1571. entre la mesme Reyne & François de France Duc d'Anguyen & d'Alençon, frere d'Henry III. Il y eut encor quelques Articles dressez l'an 1581.

De la Mere de Cronvvel.

Du Milord Henry Ierton, gendre de Cronvvel.

VOYAGE

D'Oliuier Cronvvel, Protecteur.

Le Palais du Vvithal est mediocre en bastimens, mais fort considerable en meubles & en peintures.

Le Vvestmonster est vn bastiment plus regulier, le lieu où l'on couronne les Roys, & où les Chambres de Iustice s'assemblent.

La premiere est la Chambre des Seigneurs, grande & bien percée; elle est ornée d'vne Tapisserie à fond de soye, releuée en broderie d'or, & garnie de perles fines, qui represente la Conuersion de S. Paul, & le Martyre de S. Estienne.

Vous auez dans cette Salle le siege sur lequel le Roy monte pour rendre la Iustice, & au dessus vn Daiz de broderie de soye & d'or, que Marie Reyne d'Escosse, Mere du Roy Iacques, trauailla estant prisonniere dans la Tour de Londre par le commandement de la Reyne Elizabeth qui la fit mourir. Aux costez du Roy sont le Duc d'Yorк & les Princes du Sang; deuant Sa Majesté, le Chancelier, accompagné des Pairs, chacun selon son rang.

La seconde Chambre est appellée la Chambre des Communes.

La troisiéme est vne Chambre où sont six Conseillers & vn Président, qui sont tirez de ces deux Chambres, pour connoistre en particulier des affaires difficiles, longues, & de grande importance, & en faire apres leur raport aux Chambres qui en jugent ; comme aussi pour terminer les difficultez qui peuuent suruenir entre les Seigneurs & la Chambre des Communes, dans vne assemblée des Estats generaux, où l'on ne conclud rien sans leur consentement & l'approbation du Roy.

La quatriéme est la Chambre des Iuges du Circuit ou des Assises, qui sont des Personnes de merite & de vertu que le Roy enuoye tous les ans par les Prouinces de son Royaume, pour entendre le Peuple contre les Iuges ordinaires ; auec pouuoir en cas de maluersation, de les condamner mesme à la mort, sans aucun égard de leur qualité.

La Ville de Londre comprend cinq

cens mille ames. Guiccardin écrit
que ſon trafic auant les guerres de
Flandre ſe montoit par an à plus de
douze millions d'or.

Les Etrangers, & principalement
les François, y ſont en quantité.

Les Dames Angloiſes ont le port
extrémement auantageux ; leur taille
n'eſt point de ces grandeurs déme-
ſurées qui font peur, mais de celles
dont la juſteſſe & la belle proportion
eſt tout à fait propre à ſe faire aimer.
On peut dire, ſans les flater, qu'elles
ſont blanches & ciuiles, qu'elles ſont
galantes & enjoüées, que leur conuer-
ſation eſt ſpirituelle, & qu'elle ſe paſſe
toûjours dans vne douceur mille fois
plus honneſte & plus charmante que
la legereté de quelques-vnes, qu'on
nomme ordinairement gentilleſſe, ou
naïueté ſans contrainte.

MONNOYE D'ANGLETERRE.

Monnoye d'or.

Iacobus, qui valent, monnoye de France,	12 liures.
Demy-Iacobus,	6 liures.
Couronne d'or,	3 liures.

Monnoye d'argent.

Crhon,	3 liures.
Alue Crhon,	30 sols.
Chelin,	12 sols.
Sixpens,	6 sols.
Grot,	4 sols.
Trepens,	3 sols.
Toupens,	2 sols.
Pens,	1 sol.
Alue Pens.	6 deniers.
Farden,	3 deniers.

CHAPITRE IV.

Des interests d'Angleterre.

LEs interests d'Angleterre sont, de s'opposer par tout à la puissance d'Espagne, de rompre le cours de ses Armes dans les Païs-bas, & celuy de son Commerce aux Indes : Le premier, par les François qu'ils aimeront ; & le second, par l'intelligence qu'ils entretiendront auec le

Roy de Portugal. De ne point quereller les Holandois, mais ne point
oublier le maſſacre qu'ils firent des
Anglois dans l'Iſle d'Amboina pour la
Noix de muſcade ; D'auoir vn Ambaſ-
ſadeur à la Porte du Grand Turc ; &
de maintenir le Negoce libre, ſeul ſe-
cret pour rendre vn Eſtat floriſſant,
parce que le Negoce apporte de l'argent, qui eſt le nerf de la guerre.

Le Royaume d'Angleterre porte,
de gueulle à trois Leopards d'or, armez & lampaſſez d'azur, l'vn ſur
l'autre.

Le Roy d'Angleterre porte, écar-
telé au premier & quatriéme quar-
tier, de France & d'Angleterre : Au
ſecond, d'Eſcoſſe, qui porte d'or à vn
Lyon de gueulle, enuironné d'vn
double Treſcheur fleurdeliſé & con-
trefleurdeliſé : Et au troiſiéme quar-
tier, d'Irlande, qui porte d'azur à la
Harpe d'or.

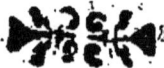

LE VOYAGE DE FLANDRE.

CHAPITRE I.

De la qualité du Païs, & des mœurs des Flamans.

LA Flandre joüit d'vn air temperé ; son terroir est fertile en pâturages, & nourrit beaucoup d'Animaux domestiques qui sont d'vn goust tres-exquis, & vn nombre incroyable de Bestes fauues, auec quantité de Herons, de Faisans, de Perdrix, & de Cicognes.

Les Flamans sont pour l'ordinaire grands & paisibles, peu coleres, & peu

ambitieux; ils font ciuils felon le Païs,
vaillans fur la Terre, & fur la Mer
inuincibles : Ils apprennent diuerfes
Langues, & trafiquent dans les Païs
les plus éloignez; ils font des Draps
de foye, de laine, & de lin, & principalement de la Tapifferie bien eftimée
qu'on enuoye jufqu'aux Indes, & en
Affrique. Leurs Maifons font nettes,
& prefque toutes d'vne mefme façon.

CHAPITRE II.

De la Ville de Gand.

GAnd eft la premiere & la principale Ville de Flandre, affife à
quatre milles de la Mer, fur les Riuieres de Lefcaut, de la Lize, & de la
Moire : Elle eft grande, affez bien
baftie, mais mal peuplée.

L'Eglife Cathedrale dediée à Saint
Baue, eft vn grand Vaiffeau; la ceinture du Chœur eft extrémement riche.

Ce sont treize Chapelles basties de marbre, enrichies de peintures, & fermées de balustres de cuivre doré, auec des portes de metail. Le Chœur est proportionné. Le Tombeau de Charles Marius Euesque de Gand, est au costé droit du Maistre Autel, auec cette inscription.

Ecclesia antistitem amisit
Respublica virum.

A l'opposite est celuy d'Antoine VII. Euesque de Gand, representé en habits Pontificaux, auec cette Epitaphe.

In foraminibus petræ meæ confidentia
Antonius septimus Episcopus Gandauensis
desiderauit
Quod mortale habet hìc deponi
Sacerdos dum ab arâ descendis te obtestatur
Vt quod defuncto debes exfoluas
Et immortali æternam pacem apprecare
& vale.

L'Euesché rend trente mille escus de rente; & les Prebendes, qui sont au nombre de vingt-cinq, trois mille liures.

La Maison de Ville est bastie de

pierres quarrées, à trois étages, fort
eftimée pour l'Efcalier & la grande
Chambre, où font vingt-quatre Tableaux de l'Hiftoire d'Efpagne.

La Ville a plufieurs Places : Dans
la premiere on tient Marché le Ven-
dredy ; la Statuë de Charles-quint y
paroift au milieu fur vne Colomne.
On voit quantité de belles Fontaines
dans les Ruës, auec les Riuieres de
Lefcaut & du Lis qui paffent en beaucoup d'endroits.

La Cour du Prince n'eft point éloignée de cette Place ; c'eft vn ancien
baftiment qui porte autant de Chambres que l'Année a de jours. On y
garde le Berceau de bois de l'Empereur Charles-quint, qui prit naiffance
en cette Ville.

Le Belfort eft vne Tour des plus
éleuées; on y voit l'Horloge appellée
Roland, qui pefe vnze mille liures, &
au deffus vn Dragon de cuivre doré,
que le Comte Baudoüin apporta de
Conftantinople.

Les Flamandes font belles, mais
d'vne beauté qui paffe auant qu'elles

ayent trente ans : Elles aiment vn peu
le Vin. On ne sçauroit conuier vne
jeune fille à boire, qu'elle ne soit
preste à faire raison ; & le plus souuent si-tost que vous arriuez, la fille
du logis la plus agreable & la plus gen-
tille, vient auec de la Biere ou du Vin
vous prier de boire à vos despens, &
sans beaucoup de ceremonie met la
premiere le nez au pot : C'est à vous
de faire continuer la feste ; autrement
ce seroit vne inciuilité.

La Flandre porte d'or au Lyon de
sable.

LE VOYAGE
DV BRABANT.

CHAPITRE I.

De la qualité du Païs, & des mœurs des Brabançons.

'AIR du Brabant est sain, & la plus grande partie de son terroir fertile en bleds.

Les Brabançons ont toûjours esté estimez genereux, & se sont extrémement signalez aux guerres de France, d'Allemagne, d'Angleterre, d'Italie, & d'Asie. La prise de Ierusalem sur les Sarrasins, la Syrie subjuguée,

subjuguée, Edoüard III. Roy d'Angleterre rétably dans ses Estats, Philippes Roy de France secouru contre l'Aragon, Iean Roy d'Angleterre contre ses Subjets, & Edoüard contre les Ecossois, sont les exploits de leurs vaillantes armes. Ce fut par cette mesme valeur que l'Empereur Conrar arracha la Ville de Lisbone des mains des Sarrasins, & en défit jusqu'à deux cens mille; Godefroy de Boüillon, Duc de Brabant, conquesta la Grece, l'Egypte, la Palestine : Et qui ne sçait cette fameuse Bataille qu'ils remporterent sur ceux de Grimberg, où leur Duc encor petit enfant, fut exposé dans son Berceau sur vn grand Arbre au milieu de l'Armée, afin qu'il pût estre veu de son Camp, & que par ses cris & ses larmes il augmentât le courage de ses troupes, & la terreur des ennemis, voyans les Brabançons, resolus de vaincre, ou de mourir ?

B

CHAPITRE II.

Des Villes du Brabant.

BRuxelle eſt la Ville Capitale de
cette Duché, le lieu des Conſeils
d'Eſtat, des Finances, de la Guerre,
la demeure ordinaire du Prince, ou
du Gouuerneur des Païs-bas pour le
Roy d'Eſpagne: Elle eſt aſſiſe ſur la
petite Riuiere de Sine qui ſe rend dans
l'Eſcaut par vn Canal de cinq lieuës.

L'Egliſe de Saiñte Vrgoulte eſt magnifique, & celle des Ieſuiſtes riche
en figures de marbre. La Maiſon de
Ville eſt vn Ouurage à trois étages,
qui porte vne fleche extraordinairement ſuperbe, & trauaillée auec autant
de délicateſſe que l'Art le puiſſe iamais
permettre.

La Cour du Prince eſt vn lieu fort
agreable & bien diuertiſſant: Vous y
auez trois grands Corps de Logis,

quatre belles Salles, deux Courts, vn Parc remply de Beſtes fauues, vn Mail de deux mille pas de longueur, auec des Grottes, & vne infinité de jets-d'eau.

Dans la premiere Salle il y a les Armures

De l'Empereur Charles-quint.

De l'Archiduc Albert.

Du Duc d'Albe.

Du Prince de Parme.

De l'Archiduc Herneſte.

De Philippes le Bon, Duc de Bourgogne.

L'Etendart du Roy François I. qui fut pris deuant Pauie.

Les Armures du Prince Cardinal.

De Dom Iean.

De l'Archiduc Leopold.

Quatre Armures à l'épreuue, des Indiens.

Vn Caſque de l'Empereur Charles-quint, eſtimé dix mille liures.

Vne Rondache trauaillée en diamant, eſtimée quinze mille liures.

Le Cheual ſur lequel l'Infante Iſabelle fit ſon Entrée dans cette Ville:

B ij

Sa Scelle eſtoit de vingt mille liures.

Vn autre que le Roy d'Eſpagne donna à l'Archiduc Leopold, de quatre mille piſtoles.

Et celuy qui ſauua la vie à l'Archiduc Albert au Siege d'Oſtende. En memoire de ſon Excellence on a dreſſé cette Epitaphe.

EL CAVALLO NOBLE.

Siſte gradum ſpectator, ego de nomine dicor
 Nobilis, at præſto nobilitate rei.
Archiduci Alberto ſubſtraui tergora quõdã,
 Cũ prope Oſtendam Martia erynnis erat.
Illũque eripui pugnantem hoſtilibus armis,
 Cum vel ei, mihi vel, mors ſubeunda fuit,
Me magis ardebat miles quia virginis inſtar
 Cernebat niueâ creſcere fronte jubam.
Hinc vt me raperet crebro ſua ſpicula & enſes
 In caput ignoti ſtrinxerat Archiducis.
Euaſi, eduxique virum, meque ipſe reduxit
 Incolumem, noſtra non erat hora necis.
Aſt anno vertente, die quo euaſimus ambo,
 Nobilis interij; cernite qualis eram.

Dans la ſeconde Salle ſont les Statuës des douze Empereurs qui ſont de la Maiſon d'Auſtriche, auec ces inſcriptions.

Imperator Cæsar Rodolphus Primus, Pius, Fœlix, Augustus.

Imp. Cæsar Albertus I. P. F. Aug.

Imp. Cæsar Fridericus III. P. F. Aug. & Pulcherrimus.

Imp. Cæsar Albertus II. P. F. Aug.

Imp. Cæsar Fridericus IV. P. F. Aug.

Imp. Cæsar Maximilianus I. P. F. Aug.

Imp. Cæsar Ferdinandus I. P. F. Aug.

Imp. Cæsar Maximilianus II. P. F. Aug.

Imp. Cæsar Rodolphus II. P. F. Aug.

Imp. Cæsar Mathias I. P. F. Aug.

Imp. Cæsar Ferdinandus II. P. F. Aug.

Imp. Cæsar Ferdinandus III. P. F. Aug.

La troisiéme est reseruée pour les Gardes du Prince.

Dans la quatriéme, appellée la Chambre des Peintures, sont vne infinité de tres rares Tableaux, entre lesquels il s'en rencontre deux qui n'ont point de prix ; L'vn represente à table les Dieux de la Fable ; & l'autre, l'Etude d'vn Procureur : Le Maistre y paroist les papiers à la main, parlant aux parties ; & son Clerc qui seul fait la bonté du Tableau, écrit d'vn air si naturel, que les plus clair-voyans bien souuent s'y trompent.

Louuain est vne Ville renommée pour son Vniuersité. A deux cens pas de cette Ville il y a vn Conuent de Celestins, dont l'Eglise est bien bastie. Le Tombeau de Messire Guillaume de Croüy Duc d'Arscot, de Chieures, de Sore, d'Harcies, de Renty frere des Archiducs Maximilian & Philippes, Capitaine general des Armées de Mer du Roy d'Espagne, Admiral du Royaume de Naples, & Fondateur de ce Monastere, est au milieu du Chœur.

Au costé droit du grand Autel est celuy d'vn Prince Cardinal, *titulo S. Mariæ in Aquinio*, Archeuesque de Tolede, Primat d'Espagne, Chancelier de Castille, Euesque & Duc de Cambray, Prince du S. Empire, de la Maison de Croüy, representé auec ses habits Pontificaux en marbre, sur vn Tombeau enrichy des plus belles graueures du Monde.

Dans vne autre Chapelle on voit Charles de Croüy, Duc de Croüy & d'Arſcot, à genoux, auec ſa femme, deuant vne Mort & vn Crucifix; le tout fait d'albaſtre. Il eſt le dernier de cette Maiſon qui ſoit enterré dans ce Monaſtere. Au pied du Tombeau le meſme Charles de Croüy eſt repreſenté ſur vne Tombe de cuivre en habit de Capucin, auec le Collier de la Toiſon, & cette Epitaphe.

Carolus à Croüy Nuper Dux Croüy & d'Arſcoti ex magna progenie natus, nunc putredo terræ & cibus vermiculorum obij in Domino expeĉtans, Reſurreĉtionem mortuorum anno Domini 1612. die 13. Iunij.

Dans ce meſme Conuent il y a vn des trente Deniers dont Noſtre Seigneur fut vendu. Ce Denier eſt d'argent, & peſe enuiron quinze ſols: On voit d'vn coſté la teſte de l'Empereur Titus, & de l'autre vn Lys.

Anuers eſt la ſeconde Ville du Duché de Brabant, Chef du Marquiſat du S. Empire, l'abord des Nations étrangeres, & la plus belle & la plus riche

B iiij

Ville que le Roy d'Eſpagne poſſede
aux Païs-bas: Elle eſt aſſiſe ſur la Riuiere de l'Eſcaut, à dix-ſept milles de
la Mer, fortifiée de pluſieurs Tours,
& de larges foſſez. La Citadelle toute
contreminée, paſſe pour vne des plus
fortes & des plus regulieres de l'Europe; elle eſt de cinq Baſtions. Cette
Ville a deux cens douze Ruës, &
vingt-deux Places publiques. La premiere eſt la Place de la Mer; & la
ſeconde aſſez proche, nommée la
nouuelle Bourſe, eſt vn lieu où l'on
rencontre toute ſorte de gentilleſſe &
de galanterie.

L'Egliſe de Noſtre-Dame eſt vn des
beaux Vaiſſeaux du Monde; l'vne de
ſes Tours eſt éleuée de terre de ſix cens
ſoixante marches, & chargée de trente
trois groſſes Cloches: La Nef qui n'eſt
pas le moindre ornement de cet auguſte Temple, eſt enrichie d'vne infinité de rares peintures, auec vn Iubé,
& trois maiſtreſſes Portes baſties de
marbre & d'or. Le Tombeau de Iean
Malderius Eueſque d'Anvers, eſt au
coſté droit du grand Autel, auec cette
inſcription.

Hûc juxta Catedram locum elegit cineri suo
  Ioannes Malderius,
 Episcopus Antuerpiensis quintus;
  Theologiæ Doctor,
In Academia Louaniensi quondam Professor
  Regius :
Doctrinam scripta Theolog. Moralia &
  Controuersa :
Prudentiam Collegij Regij cura, & in hac
  Sede vigilantia :
Munificentiam elemosinæ, hæc ædes, semi-
  narium dote auctum,
Collegiumque Louan. Theolog. ære ipsius
  fundatum :
Mansuetudinem, modestiam, cæterasque
  magni Presulis dotes
Fama publico ad posteros elogio transfudit.
  Obijt maturus æui, cum luctu omnium
   ordinum, 21 Oct. A.D. 1633.

A l'opposite est celuy de Iean Myré
auec cette Epitaphe.

 Ioannes Myreus Episc. Antuerp. quartus,
Qui oblatam famâ virtutis, dignitatem
Cum diu recusasset, sic vt cogendus foret,
Eâ vigilātiâ, integritate, ac prudentiâ cessit,
Vt vir muneri, non munus viro appareret.
 Obijt die 21. Iunij 1612, anno ineunte 52.

     B v

Que vous diray-je de l'Eglise des
Peres Iesuistes de cette Ville? Où
trouuer des termes assez forts pour exprimer parfaitement l'éclat, la beauté,
le prix, & les richesses de ce superbe
Temple? Vous diriez que iamais la
Nature n'ait rien produit de rare, &
que l'Art n'ait iamais rien inuenté de
beau, qui ne s'y rencontre? En effet,
l'or, l'argent, le marbre, le iaspe, & le
porphire, les agathes, les diamans,
les perles; la reguliere simetrie, l'ex-
cellente sculpture, la délicatesse des
graueures, & vne infinité de bons Tableaux, y font paroistre vn lustre qui
ne se peut bien conceuoir. Cette Eglise
est pauée de marbre, à deux bas costez,
l'vn dessus l'autre, qui font soute-
nus par cinquante-six colomnes d'al-
bastre. Leurs quatre voûtes font fermées de trente-huit grands Tableaux
à bordures dorées, & les murs percez
de quarante croisées font reuestus de
marbre; la grande voûte fort éleuée,
est d'vne fine sculpture, chargée d'vn
petit dôme des plus clairs & des mieux
pratiquez. On ne sçauroit vous repre-

fenter le Maiftre-Autel ; le tout y eft
de marbre, de jafpe, de porphyre, &
d'or, auec des perles & des rubis.

La Chapelle de Noftre-Dame n'eft
pas moins riche ; le paué, les coftez,
& la voûte, font de marbre, auec fix
Statuës d'albaftre, de N. Dame, de
S. Iofeph, de Sainte Anne, de Sainte
Catherine, de Sainte Criftine, de
Sainte Suzanne. Le Tableau de l'Autel reprefente l'Affumption de la Bien
heureufe Vierge ; Dieu le Pere y paroift au deffus en marbre, vne Couronne d'or pur à la main, auec ces mots,

Veni coronaberis.

Au pied de l'Autel eft vne pierre de
marbre, qui porte cette infcription.

Monumentum
D. Godefridi Houtappel D. in Sanct.
Et pyffimæ conjugis D. Cornelia Boot,
Filiarumque Virginum
Mariæ, Annæ, Chriftinæ, & Lucretiæ,
Cognatæque Annæ a S. Grauens.
Æ quibus confundatum & ornatum hoc
Deiparæ facellum,
Fundatumque hac in vrbe Collegium So-
cietatis Iefu.

Ie ne parleray point des cinq autres
Chapelles, du Portail, ny de la Maiſon
de ces Reuerends Peres. Vous ſçaurez ſeulement que la Muſique & les
Concerts qui s'y font les Dimanches,
ſont extrémement charmans.

Proche des Ieſuiſtes on voit la Maiſon de Ville, à quatre Corps de Logis.
Dans la premiere Salle eſt vn Tableau,
auec ces Vers ſur la Paix.

Exoptata diù terris pax aurea Cælo
Miſſa venit, ſæcli ſurgit melioris origo.
Aſpera poſt quinis exercita prælia luſtris,
Pronuba Chriſticolas junxit concordia Reges,
Et Gallo ſociatur Iber; Bellona fugatur
Per tædas, hymenæe, tuas, jam fœdere ſacro
In Mahometigenas hoſtes jurata ferentur
Agmina, ſubmiſſis palleſcet Boſphorus vndis,
Toruaque Thræicia frangentur cornua Lunæ.

Les Dames en cette Ville ſont extraordinairement bien veſtuës, elles
parlent François & Flamand.

Anvers porte, d'argent à l'Aigle de
gueules.

Malines eſt vne Ville qui prend le
titre de Seigneurie, & qui fait vn Eſtat

separé: Elle est située dans le milieu
du Brabant, sur la Riuiere de Dele,
qui reçoit le reflux de la Mer. Vous
auez dans le Fauxbourg vn Monastere
de S. Alexis, qui renferme quinze ou
seize cens Religieuses, auec la liberté
toutefois de sortir, de se promener, de
faire des visites, & de se marier quand
bon leur semble.

Malines est le Siege d'vn Archeuesque, le lieu du Grand Conseil, le Parlement des Cheualiers de la Toison,
l'Arsenal du Prince, & vne des belles
Villes du Païs-bas. Les habitans sont
francs de tous imposts, à cause des bons
seruices qu'ils rendirent à Charles le
Hardy Comte de Flandre, au Siege de
Nuns sur le Rhin. Les Femmes en-
ceintes ont coustume, quand elles approchent leur terme, de sortir de la
Seigneurie, & d'aller accoucher
dans le Duché de Brabant, afin d'acquerir à leurs enfans les priuileges des
Brabançons.

Malines porte, d'or à trois paux de
gueules, à vn Ecusson de l'Empire en
cœur.

Breda porte le titre de Baronnie.
C'eſt vne Place conſiderable pour ſes
fortifications, & la quantité d'eau qui
l'enferme. On y voit le Chaſteau du
Prince d'Orange, accompagné d'vn
beau Iardin, qui eſt defendu par des
Bouleuars, des Terraſſes, des Tours,
des Baſtions, & par quatre Foſſez
reueſtus chacun de deux Paliſſades extraordinairement fortes & bien tra-
uaillées. Elle appartient aujourd'huy
au tres-haut & tres-puiſſant College,
les Eſtats generaux des Prouinces vnies
du Païs-bas.

Boiſleduc eſt la troiſiéme Ville de
Brabant, aſſiſe ſur la riuiere d'Aide,
à deux lieuës de la Meuſe. Ses Fortifications, ſon Chaſteau, & l'Horloge
de S. Iean, meritent d'eſtre remar-
quées.
Le Brabant porte, de ſable au Lyon
d'or.

LE VOYAGE
DE
LA ZELANDE.

CHAPITRE I.

De la qualité du Païs, &
des Zelandois.

L A Zelande est vne Isle
situeé entre les Riuieres
de la Meuse & de l'Escaut,
borneé au Nort de la Ho-
lande, au Leuant du Païs de Brabant,
au Midy de la Flandres, & à l'Occi-
dent de la Mer Germanique: L'air
n'y est point des meilleurs, à cause des
marescages ; le terroir est riche en
Bleds, & fort estimé pour les Lauriers
& les herbes Medecinales.

Les Zelandois font gens d'efprit,
attentifs à leurs affaires, habiles dans
la marchandife, & tres-experimentez
dans la Nauigation : Ils font d'vne
taille mediocre, Neantmoins les An-
nales rapportent que le Comte Guillaume mena aux Nopces de Charles
le Bel Roy de France, vne Zelandoife
extrémement grande , & fi forte,
qu'elle portoit dans chaque main vne
tonne de Biere.

CHAPITRE II.

Des Villes de Zelande.

Middelbourg eft la premiere Ville
de l'Ifle de Zelande : Les Ruës,
les Places publiques, la Maifon de
Ville, & la Bourfe, font tres-agrea-
bles; le Port eft affeuré & bien com-
mode : On y voit les reftes d'vne Ab-
baye qui releuoit autrefois des Roys
de Portugal : La Ville nourrit deux

Aigles, *vno Auulſo non deficit alter* : On
ne ſçauroit faire juſtice, s'ils ne ſont
tous deux en vie.

Fleſſingue, la ſeconde Ville de Zelande, & la premiere qu'on trouue en
venant par Mer de Calais, eſt vne petite Place, mais charmante. La proportion, & la gentilleſſe de ſes baſtimens, n'eſt point commune; ils ſont
la pluſpart reueſtus dedans & dehors
juſqu'au premier étage, de faillance,
de marbre, & de porcelene. Le Port
eſt vn des plus fameux des Païs-bas,
accompagné de ſix Canaux ; le premier
ſert de rempart à la Ville, & les cinq
autres ſe rencontrent dans les principales Ruës, chargez de Vaiſſeaux de
Guerre & Marchands. Les trois quarts
de cette Place ſont fermez de la Mer,
& la derniere partie de larges Foſſez
qui ſont regulierement fortifiez & de-
fendus par de bonnes Pieces d'artil-
lerie.

La Zelande porte, coupé, ondé d'or,
au Lyon naiſſant de gueules, & faſcé,
ondé d'argent & d'azur.

LE VOYAGE
DE
LA HOLANDE.

CHAPITRE I.

De la qualité du Païs, & des Holandois.

LA Holande eſt bornée de la Mer au Couchant, au Leuant, & au Nort ; & regarde au Midy la Meuſe, le Brabant, & l'Eueſché d'Vtrech. La terre y eſt ſi mole & ſi mareſca-geuſe, qu'on ne ſçauroit labourer ; Elle tremble meſme en beaucoup d'en-droits, comme ſi elle n'auoit pour fon-

dement que l'inconstance & l'instabi-
lité des eaux. Ce ne sont que de longues Prairies que la Mer rauage en
Hyuer; elle n'en sortiroit point, si on
ne luy donnoit la chasse par l'inuention
de certains Moulins qui la renferment
dans son premier lit, & mettent le Païs
à sec. Les Holandois trauaillent sans
cesse à éleuer & entretenir de puissantes Digues pour preuenir les mal-
heurs qui suiuent d'ordinaire ces hor-
ribles débordemens. Enfin nous pouuons dire auec Scaliger, que cette Prouince est de soy-mesme vne terre in-
grate & infertile; & neanmoins que
dans sa pauureté naturelle elle est riche & feconde. En effet elle a les Bleds
de Pologne, les Seigles de Moscouie,
les Harans de Noruege, les Vins de
Rhin, de la Moselle, de la Meuse, de
France, de Gascogne, d'Espagne, de
Grece, sans labourer la terre, ny cultiuer des vignes. Nous demeurons
dans les eaux (dit-il) & nous n'en
beuuons point. Elle a quantité de Vaisseaux; elle fait de bons Draps & de
belles Toilles; & cependant il n'y a

presque point de Forests, de Trou-
peaux, ny de Lin. L'air y est vn peu plus
froid que chaud.

Les Holandois sont forts & robustes,
leur taille est droite, & leur phisionomie
ne témoigne qu'vne grande ingenuité
& franchise : Il ne faut pas pourtant
croire qu'il y ait de la simplicité, si ce
n'est dans leur nourriture & dans leurs
habillemens, car ils nous font trop
connoistre par ce qu'ils entreprennent,
qu'ils ont de l'adresse & de l'esprit.
Ils aiment passionnément le profit &
la liberté ; ils ne se piquent pas tant du
poinct d'honneur, l'auarice & le gain
l'emportent sur l'ambition, & il semble que ce Peuple ait succé auec le lait
l'ardeur insatiable d'acquerir des richesses : Ils honorent les Personnes
de condition qui se rendent faciles &
familieres ; & au contraire, méprisent
les glorieux, & ne sçauroient souffrir
les superbes. C'est pour cela que dans
les Hostelleries, quand ils ont des
étrangers qui font du bruit, qui les
méprisent, qui témoignent quelque
auersion pour leurs coustumes, ou qui

affectent de paroiſtre Gens de qualité,
par vne ſuite inſolente de Laquais, ils
les traittent auec tant de rigueur, & ſe
vangent par de funeſtes ſaignées qu'ils
font à leurs bourſes. Il eſt impoſſible
de s'en garantir quand ils l'ont reſolu,
& quoy qu'on diſe, il faut payer. Si
vous conteſtez, vous trouuez que vô-
tre dépenſe augmente autant de fois
qu'ils vous la comptent. On m'a dit
à Amſterdam, qu'vn Homme qui tran-
choit du Marquis, étonné de l'argent
qu'on luy demandoit pour vn mauuais
ſouper, voulut compter par article
auec ſon Hoſte, & trouua dans la reui-
ſion de ſon compte qu'on auoit oublié
vingt-cinq francs pour nettoyer la
Maiſon. Voyez s'il ſe peut vne plus
grande injuſtice, qui toutefois nous
apprend à eſtre ſages & modeſtes, en
quelque lieu que nous ſoyons, & principalement chez les étrangers.

Le petit Commerce eſt dans les
Draps, les Toilles, le Haran, le Fromage, & le Beurre. La Nauigation
fait les grands coups; c'eſt elle qui a
rendu la Compagnie des Indes ſi puiſ-

fante, qui a jetté les fuperbes fondemens de Batauia, qui a forcé le Roy
de Bantan de viure en paix & en amitié, qui porte fi loin le nom Holandois,
& qui le fait adorer aux Peuples du
Leuant, apres les auoir dépoüillez de
leurs plus riches trefors.

CHAPITRE II.

Des Villes de Holande.

DOrt eft la premiere Ville des fix
qui ont feance aux Eftats de Holande : Elle eft faite en forme de Galere, auec deux maiftreffes Ruës qui
s'étendent de l'vne à l'autre de fes extremitez. Elle feule a droit de battre
monnoye or & argent : autrefois elle
eftoit la demeure des Comtes de Holande, & aujourd'huy elle eft l'étaple
des marchandifes qui paffent aux Païs
étrangers.

Dort eft ainfi appellé, à caufe de

la Riuiere de Dort qui paſſe deuant la
Ville.

Roterdam eſt vne grande Ville, riche, & marchande, aſſiſe ſur la Meuſe.
Son Port eſt accompagné de pluſieurs
Canaux, qui ſont ſi bien prattiquez,
que les plus grandes Navires peuuent
s'y retirer, & ſe mettre à l'abry des
orages. L'Egliſe Cathedrale eſt d'vne
ſtructure aſſez magnifique, auec vne
Tour éleuée de quatre cens marches.
La Place du Marché eſt la plus riche
d'Holande, apres celle d'Amſterdam.
Eraſme nâquit en cette Ville ; ſa
figure en bronze eſt ſur le Pont de la
Meuſe.

Delf eſt ainſi nommé, à cauſe du
Ruiſſeau de Delf qui paſſe par le milieu.
Elle eſt la troiſiéme Ville d'Holande
fort en credit pour la Biere & ſes baſtimens. L'Hoſtel de Ville, & la Maiſon
des Sabourgs, tiennent le premier
rang. Ses deux Egliſes ſont fort éleuées ; Dans l'vne vous auez le Tombeau de l'Admiral Tromp, qui eſt fait

de marbre, enrichy de mignatures,
auec cette belle inscription.

Æternæ memoriæ
Martini Harpeti Trompi.
Qui Batauos qui virtutē ac verū labore amas,
Lege ac luge.

Batauæ gentis decus, virtutis Bellicæ fulmen
hic jacet qui nunquam jacuit, & Impera-
torem stantem mori debere exemplo suo do-
cuit. Amor ciuium, hostium terror, Oc-
ceani stupor, quo nomine plures continentur
laudes, cui schola Oriens & Occidens,
mare materia triumphorum, vniuersus
orbis Theatrum gloriæ fuit : Prædonum
certa pernicies, commercij fælix assertor,
familiaritate vtilis non vilis, postquam
nautas & milites (durum genus) paterno
& cum efficacia benigno rexit Imperio,
post tot prælia quorum Dux fuit aut pars
magna, post insignes supra fidem victorias
post summos infra meritum honores, tandem
bello Anglico, tantum non victor inuictus
certe. 10. Aug. anno 1655. ætatis suæ 56.
viuere ac vincere desiit.

Fœderati Belgij Patres
Heroi optime merito
Monumentum hoc ponunt.

Dans

On voit dans la seconde Eglise le
Tombeau du Prince GuillaumeComte
de Naffau, qui fut tué en cette Ville
par Baltazar Gerard, Bourguignon,
d'vn coup de piſtolet,en l'année 1 5 8 4.
Ce ſuperbeTombeau eſt de jaſpe,éleué
de terre de ſix marches, & porte le
Comte repreſenté en marbre : Vous
auez au deſſus vn Pauillon d'albaſtre
ſoutenu par vingt-deux colonnes d'ai-
rain qui forment huit belles arcades.
A la premiere qui fait le frontiſpice de
ce magnifique Tombeau, le Prince y
paroiſt comme ſur vn Trône ; ſa figure
eſt de bronze, extrémement belle, &
delicate; elle a l'air noble, le port en
eſt majeſtueux, & ſon action conuient
tout à fait bien à celuy qu'elle repre-
ſente. Sur les trois arcades qui ſont
aux coſtez, ſix petits Anges de porphire, les larmes aux yeux, vous montrent ſon Epitaphe. Et enfin la huitiéme qui eſt oppoſée à la premiere, eſt
occupée par la Renommée ; ſon ha-
billement eſt d'vne legere étofe qui
luy donne bonne grace ; elle a la gorge
découuerte, les cheueux negligem-

C

ment épars ſur les épaules, le viſage gay, & l'action enjoüée; elle tient d'vne main vne Couronne, & de l'autre vne Trompette, & public à iamais la grandeur & la majeſté, les entrepriſes, les combats, les victoires, les conqueſtes, les triomphes d'vn Prince veritablement grand, genereux, & auguſte.

La Haye, dite des Comtes, parce qu'elle eſtoit autrefois le ſejour ordinaire des Comtes de Holande, eſt vn vn Bourg où la Nature & l'Art ont contribué à l'enuie l'vn de l'autre, ce qu'ils auoient de plus beau & de plus rare. Les Ruës ſont extrémement larges & longues, auec vne ſuite de baſtimens, dont la ſtructure eſt ſi conforme & ſi égale, qu'ils ſemblent ne faire qu'vn ſuperbe Palais. A l'extremité des Ruës, ce ſont de grandes Places enrichies d'vne belle verdure, & d'vne infinité d'arbres plantez à la ligne, qui forment des allées & des promenades, dont la beauté ne ſe peut exprimer. Toutes ces Places ſont fer-

mées d'illuftres baftimens. Le plus
fuperbe eft la Cour de Holande, bafty
par le Comte Guillaume Roy des Romains. On y tient aujourd'huy la Cour
Prouinciale de Holande, la Cour du
Prince d'Orange, & l'Affemblée des
Eftats Generaux. Ce Palais eft d'vne
architecture à la Corinthienne, accompagné de celuy que le Prince
Maurice a fait baftir fur le bord d'vn
large Viuier, où il a fceu renfermer la
délicateffe d'Allemagne, ce que la
Peinture a iamais produit d'excellent,
& les raretez & les merueilles des Indes Occidentales.

Ie laiffe à décrire les autres baftimens à celuy qui aura plus de loifir
que moy. Cependant ie pafferay dans
ce fuperbe Parc éloigné de la Cour
feulement de cent pas, pour y voir la
majefté de ces vieux Chefnes, y con-
fiderer le bel ordre que tiennent ces
hauts Trembles, & admirer l'agreable
confufion que forment les Taillis. Ce
Parc eft fuiuy d'vn Mail de trois mille
pas de longueur, & d'vn bois fort
épais. Dans le milieu le Chafteau de

Madame la Princeſſe Doüariere eſt
ſitué. Ce Palais eſt vn baſtiment double; ſes chambres & ſes lambris ſuperbement dorez, ſes beaux meubles,
ſes excellentes tapiſſeries, & ſes rares
peintures, font bien connoiſtre la grandeur & la majeſté de celle qui les poſſede : Il s'y voit vn Iardin ſi parfait
& ſi acheué, que les Arboriſtes les
mieux entendus peuuent facilement
y ſatisfaire leur curioſité, puis qu'il
n'y a point de fleurs ny d'arbres dans
les Païs les plus éloignez, qui ne s'y
rencontrent.

Leiden eſt vne Ville qui pour la
force de ſes remparts & de ſes foſſez,
ſon auantageuſe ſituation, ſa grandeur,
la juſteſſe & la ſimetrie de ſes Egliſes
& de ſes baſtimens, peut diſputer auec
les premieres de l'Europe du prix de la
beaüté. Les Ruës ſont extrémement
nettes, larges, longues, & diuiſées
par de tres-beaux Canaux. L'Vniuer-
ſité, la Biblioteque, le Iardin de Medecine, & l'Anatomie, ne peuuent
eſte compriſes dans vne deſcription ſi

ferrée, mais meriteroient vn traitté particulier. On enseigne dans l'Vniuersité les plus beaux Arts, la Philosophie, la Theologie, les Langues étrangeres, les Mathematiques, & l'on y rencontre tout ce qu'Athenes & Rome ont iamais eu de science.

La Biblioteque renferme des Volumes de toutes sortes, auec quantité de tres-rares & tres-anciens Manuscrits. Le Iardin de Medecine est fort agreable ; son terroir est si excellent, que les arbres & les simples s'y cultiuent auec autant de facilité, que dans le propre lieu de leur naissance. La quatriéme des merueilles est l'Anatomie ; ie ne crois point, quelque effort que ie fasse, pouuoir iamais vous représenter la derniere partie des chefs-d'œuures & des miracles qui font l'ornement de ce lieu : Neantmoins pour satisfaire au dessein que i'ay de vous plaire, ie vous diray ce que i'ay pû remarquer de tant de beaux secrets.

Le lieu est vn Sallon de figure octogone, percé de huit grandes croisées qui soutiennent vne voûte délicate &

fort éleuée ; les murs font reueftus d'vn lambris orné de pilaftres, & de corniches, qui expofent aux yeux des Spectateurs vne partie des chofes les plus belles. Il y a fur le premier des pilaftres le Squelette d'vn Archer qui a les armes à la main, & qui femble mefurer par la contenance de fes pieds, par fa pofture, & fes regards arreftez, le but qu'il veut atteindre.

Le fuiuant porte vn Homme qui monte vn Cheual Turc. Son air eft fi libre, fi parfait, & fi naturel, que les meilleurs Efcuyers admireroient fa grace, & la facilité qu'il a de manier fon Cheual.

Sur le troifiéme paroift vn Cerf, qui malgré les rigueurs de la mort, femble auoir conferué fa premiere viteffe.

Sur le quatriéme, vn Renard.

On voit fur le cinquiéme vn Aigle qui regarde le Ciel ; fon port eft fier, fes aifles font déployées, & l'on diroit à fon action, qu'il ne luy manque que la liberté pour prendre le plus haut des airs, & difputer vne feconde fois de la Royauté.

Sur le fixiéme, vn Elephant.

Sur le feptiéme, vne Femme & fon nouriffon. Cette bonne Mere s'incline & s'efforce par des baifers reïterez, de faire connoiftre à fon cher enfant, quoy qu'incapable, la grandeur & les effets de l'amour maternel.

Le huitiéme fait voir vn Voyageur, qui dans le milieu de fa courfe rencontre la mort qu'il ne cherchoit point.

Le neufiéme, vn Crocodile.

Sur le dixiéme eft vn Lyon.

Et fur l'vnziéme vn Efcureul.

Enfin fur le douziéme paroift la Mort ; elle tient fa faux d'vne main, & de l'autre vne horloge ; fes cheueux font heriffez, fon front eft fourcilleux, & fes regards ne font remplis que d'horreur ; fa mine fiere & arrogante, montre bien fon pouuoir abfolu, & nous fait trop connoiftre qu'il n'y a a point de force, de puiffance, d'affaires, d'intereft, d'amitié, de grandeur, de Sceptres & de Couronnes, qui fe puiffent exempter de la rigueur de fes Arrefts, non pas mefme les retarder d'vn feul moment.

C iiij

Inclementia fati quemque rapit.

Il se voit au dessus des corniches
quantité de Boëtes ; il y a dans les
vnes des Corps entiers conseruez jusqu'à present en chair & en os, par l'a-
dresse & les secrets des Chirurgiens.
L'on voit dans les autres des squelettes
de Poules, de Chapons, de Beccasses,
Perdrix, Cailles, Pinçons, Linottes,
Lapins, Viperes, Anguilles, Gre-
noüilles, & d'vne infinité d'autres
Bestes qui ne sont connuës qu'aux
Indes Occidentales.

Harlem, autrefois la plus puissante
& la plus agreable Ville de Holande,
est arrosée du Fleuue Sparen, assez
grande & peuplée. Son trafic ordinaire est en Toilles.

Cette Ville est ancienne, & ses habitans sont recommandables pour les
belles actions qu'ils ont faites dans les
Siecles passez. La prise de la Ville de
Damiete en Egypte nous en peut rendre bon témoignage : Elle estoit assie-
gée l'an 1245. par l'Armée que le Roy
S. Louis auoit conduite dans la Pales-

tine pour le recouurement de la Terre
Sainte fur les Infidelles ; on defef-
peroit de pouuoir l'emporter, parce
qu'vne groffe chaifne de fer défendoit
l'entrée du Port, mais elle fut cou-
pée par vn ftratagéme dont fe feruirent
ceux de Harlem qui auoient fuiuy en
cette guerre le Comte Guillaume Roy
des Romains. Ils armerent à cet effet
leurs Vaiffeaux de prouës de fer, for-
gées & dentées comme des fciës ; &
ayant pris le vent à propos, couperent
facilement la chaifne, entrerent dans
le Port, & s'emparerent de la Ville,
qu'ils remirent victorieux entre les
mains des Chreftiens.

Quelques Autheurs rapportent qu'-
elle a donné la naiffance à celuy qui
tróuua le premier l'Art d'Imprimer.

Amfterdam eft vne fi belle Ville,
fi riche, & fi puiffante, qu'on ne fait
point difficulté de la nommer le mi-
racle du Monde. Son nom eft refpecté
par toute la Terre, & fon merite eft
connu des Peuples les plus éloignez:
Elle tire fon origine d'vn Chafteau

G v

basty sur l'Y'e, qui appartenoit aux Seigneurs d'Amstel. On dit qu'elle n'estoit autrefois que la demeure de pauures Pescheurs, & que le Trafic & le Commerce l'ont faite ce qu'elle est aujourd'huy. Quoy qu'il en soit, on n'y voit rien de sa premiere misere ; sa grandeur ne garde aucun vestige de sa fondation, & ses maisons particulieres ressemblent bien moins à des Cabanes qu'à des Palais. Cette puissante Ville est bastie sur le riuage d'vne Mer si violente, qu'asseurément elle succomberoit, si elle n'opposoit à la rage des flots ses Digues & ses Ecluses. Les Ruës sont belles, & si nettes, que c'est vn plaisir particulier de s'y promener. Les Boutiques des Marchands sont garnies de superbes étofes, & vous montrent les ouurages les plus rares & les plus estimez de la Chine & des Indes. Les Places publiques ne sont remplies que de Temples & d'Hostels. La Bourse est vn bastiment acheué, où l'on voit sans cesse des François, des Espagnols, des Anglois, des Allemans, des Turcs, des Grecs, des Arabes, des

Perſans; la diuerſité de leurs habits,
& de leur langue, ne charme pas moins
que la richeſſe & la beauté du lieu.
Le Canal de l'Empereur, celuy des Seigneurs, & du Cingel, n'ont rien qui ne
ſoit magnifique & agreable; ils ſont
larges & profonds, les eaux en ſont
claires, viues & argentines; leurs bords
ſont reueſtus de pierres de taille, & em-
bellis de Peupliers qui ne s'éleuent juſqu'aux nuës que pour mieux defendre
des ardeurs du Soleil, ou des injures de
l'air, les Canaux & les Ruës où ils étendent leurs branches. Ces trois Canaux
ſont continuellement chargez de Bar-
ques & de Chaloupes peintes; & les
Ruës qui ſont au pied de ces grands
Arbres, ſemblent eſtre plutoſt des
Cours & des lieux de plaiſance, que des
paſſages publics; elles ſont extrémement longuës, pauées de briques, &
fermées de petits Palais d'vne égale
hauteur, & d'vne pareille ſimetrie. Le
Pont-neuf a trop de charmés pour ne
point s'y arreſter; ſon aſſiette eſt ſi
auantageuſe, qu'on découure auec facilité ce qu'il y a de plus beau dans la

Ville, & ce qui se passe sur la Mer ; &
ce qui est encor de plus agreable, c'est
qu'on voit dans ce mesme temps entre
la Ville & la Mer, ce fameux Port qui
fait vne autre Amsterdam flotante.
Regardez le nombre infiny des Mate-
lots, & la diuersité des Navires ; considerez ces marchandises qui partent
& qui abordent ; admirez la force &
la grandeur de ces Fustes, combien de
Galions, de Lins, de Fregates, de Voiles, de Canons, de cordages ? Enfin remarquez bien ces Hommes auec leurs
bonnets bleus, ce sont là ces grands
Maistres de la Nauigation, ces demy-
Dieux Marins qui font trembler Neptune, qui font pâlir la Mort, qui af-
frontent d'vn visage gay, & d'vne
action asseurée pour le seruice de leur
Païs, les plus affreux dangers, & les
naufrages les plus certains.

Il part tous les ans au mois de May
vne Flote pour la Mer Baltique, qui
s'est montée pendant les guerres à seize
cens Voiles.

Le poids des marchandises est af-
fermé six mille liures par jour.

Sainte Catherine eſt la premiere
Egliſe; La Chaire du Miniſtre qui eſt
faite de bois, couſte ſoixante mille liures.

L'Hoſtel de Ville qui ſe baſtit, paſ-
ſera huit millions.

En l'année 1585 on changea le Monaſtere de Sainte Claire en vne Maiſon
de Correction pour les libertins qui ne
veulent point obeïr à leurs parens; on
lès y étrille comme des Aſnes, & on
lès fait rudement trauailler; ils apprennent à leurs propres deſpens ce
qu'il couſte de faire les rebelles, & de
prendre de mauuaiſes habitudes;
quand ils continuënt à ne rien valoir,
on les met dans vne Caue qui ſe rem-
plit d'eau, & ils doiuent continuellement pomper, s'ils n'aiment mieux ſe
noyer.

La meſme année on établît vne ſem-
blable Maiſon pour les Filles vn peu
trop faciles.

L'Hoſtel-Dieu a quatre-vingts mille
liures de rente.

Les Orphelins ſont bien logez, &
l'on diſtribuë encor par an aux pauures

familles plus de 1800 mille liures.

On ne peut rien voir de plus beau
que la Maison des grandes Indes, ny
rien de plus riche que la Banque : On
y a veu jusqu'à deux mille tonnes d'or.

Les Holandoises meritent d'estre
aimées ; elles ont toutes les belles qualitez qu'on peut souhaiter dans le Sexe ;
& bien loin d'affecter quelque seuerité
exterieure, ou de se contrefaire, elles
ne veulent passer que pour ce qu'elles
sont, toûjours faciles, de bonne hu-
meur, & complaisantes ; le prétieux,
la ruelle, & les galanteries, leur sont
des Terres inconnuës ; & la simplicité
de leur entretien est bien plus agreable
que celuy de ces pousseuses de beaux
sentimens ; enfin leur façon de viure
est honneste & charmante ; elles sont
si propres dans leurs maisons, que les
planchers des chambres, les vitres, les
meubles, & les cabinets, sont clairs
comme des glaces.

La Holande fut erigée en Comté par
Charles le Chauue Empereur & Roy
de France.

Thierry Duc d'Aquitaine en fut le

premier Comte, & l'Empereur Charles
quint le dernier. Ce grand Prince nâquit dans la Ville de Gand le 24. Feurier de l'année 1500. Il fut reconnu
Souuerain des Païs-bas à quinze ans,
& proclamé Empereur à dix-neuf.
Apres auoir poffedé l'Empire trente-
fix ans, il le ceda à fon Frere Ferdinand, & donna fes Royaumes d'Efpagne à Philippes II. fon Fils en 1566.
afin de fe retirer dans le Cloiftre de
S. Iufte, où il mourut en 1558.

La Holande porte, d'or au Lyon de
gueules.

MONNOYE DE HOLANDE.
Dobbele Ducat, qui vaut, monnoye de
    France,   12 liures.
Ducat,   6 liures.
Ducaton,   5 liures.
Rixdaflder,   3. liures.
Halue Rixdaflder,   30 fols.
Gulden,   20 fols.
Quartis,   15 fols.
Schilling,   6 fols.
Halue Schilling,   3 fols.
Stofter,   2 fols 6 deniers.
Dobbele Stuyuer,   2 fols.

Stuyuer,	1 fol.
Halue Stuyuer,	6 deniers.
Oertien,	3 deniers.
Duyt,	2 deniers.

※※※※※※※※※※※

CHAPITRE III.

De la Seigneurie d'Vtrecht, & des Villes voisines.

Vtrecht est vne Seigneurie appar-tenante aux Estats, assise sur l'an-cien bord du Rhin : Ses Canaux sont fort estimez. Cette Place est éloignée d'vne seule journée de cinquante belles Villes, à trente-cinq desquelles on peut aller & reuenir dans vn mesme jour sans beaucoup de fatigue.

Vtrecht porte, tranché de gueules sur argent.

Gorcum, riche & puissante Ville sur les Riuieres du Linge & de la Meuse, doit son origine à des pauures Pes-cheurs, qui ont fait de leurs Cabanes

vne des plus marchandes Places du
Païs-bas.

Maſtricht, la derniere Ville que poſſe-
dent les Seigneurs Eſtats Generaux
des Prouinces vnies, vers le Païs de
Liege, eſt vne Place deſtinée pour les
exercices Militaires, & où vne infinité de Perſonnes de condition viennent faire leur apprentiſſage. La Gar-
niſon qui s'eſt montée pendant les
troubles de Flandres, à quarante-deux
Cornettes, & ſoixante-quinze Compagnies d'Infanterie, a rendu cette
Ville la plus forte & la plus redoutable
que iamais les Eſpagnols ayent ren-
contré. Il y reſte encor aujourd'huy
trente Compagnies d'Infanterie, auec
vn Corps de garde de Cheuaux legers
de huit Cornettes, gens experimentez
à la guerre, & vieillis ſous les armes.

Les Catholiques, & les Pretendus
Reformez, ont leurs Temples dans
cette Ville, & vn libre exercice de leur
Religion.

CHAPITRE IV.

De la Religion, & du Gouuernement des Prouinces vnies.

LEs Eſtats Generaux des Prouinces vnies de Gueldre, Holande, Zelande, Zutphen, Frize, Oueriſſel, & Groninghen, apres auoir declaré Philippes d'Auſtriche, deuxiéme du nom, Roy des Eſpagnes, décheu de la Seigneurie des Prouinces vnies du Païsbas, à cauſe de ſa domination extraordinaire & trop violente, du mépris de leurs droicts, priuileges & franchiſes; des Decrets du Concile de Trente, & des Edits de Charles-quint ſon Pere contre les heretiques qu'il vouloit faire obſeruer, de l'Inquiſition d'Eſpagne qu'il vouloit introduire, de l'inſolence & de l'ambition d'Antoine Perennot Cardinal de Granuelle, Miniſtre de Madame Marguerite Fille naturelle de

l'Empereur Charles-quint, & Gou-
uernante des Païs-bas pour le Roy
Philippes II. de la mort de Lemoral
Comte d'Egmont, de Philippes de
Montmorency Comte de Horne, & de
plusieurs autres grands Personnages,
& enfin à cause du dixiéme & du cen-
tiéme denier que le Duc d'Albe vouloit exiger ; ont par la voix du Droict
& des Armes entrepris le Gouuernement de l'Estat Politique, & entierement banny de leurs Terres la Religion Catholique, pour embrasser aueu-
glement les erreurs de Caluin, l'an
1581.

Voila l'origine & le commencement de la Republique des Prouinces
vnies : mais comme il est impossible
qu'vn Estat puisse subsister sans Loix,
voyons celles qui ont esté les premieres établies, & qui sont encor aujour-
d'huy la base & le fondement principal d'vn Estat si puissant.

Les Loix fondamentales de la Republique des Prouinces vnies.

LEs Prouinces feront infeparable-
ment vnies, & ne pourront point
agir feparément dans les affaires communes.

Les Priuileges & les Couftumes particulieres d'vne Prouince, fes droicts,
fa liberté, fes franchifes, fes immu-
nitez, demeureront fans aucune re-
forme dans le mefme eftat qu'elles ont
efté de tout temps.

Les Prouinces mefme fe prefteront
main-forte pour les conferuer; & s'il
arriuoit entre deux Prouinces ou deux
Villes, quelque diferent fur le fujet de
leurs priuileges ou de leurs droicts, elles fe foûmettront aux arbitrages, aux
conferences, ou aux voyes ordinaires
de la Iuftice, pour eftre accommodées,
& ne pourront rien entreprendre au
prejudice l'vne de l'autre, jufqu'à ce
que leur diferent foit terminé.

Les Prouinces vnies employeront
leurs biens & leurs vies, pour fe ga-

rentir reciproquement des armes d'Eſpagne ; & ce qui arriuera à l'vne, ſera
reputé eſtre arriué aux autres.

Les nouuelles Forteresses seront
conſtruites à frais communs.

Chaque Prouince en particulier
fera les frais des fortifications de ſes
Places frontieres.

La Paix, la Guerre, ou la Treve, ne
pourront eſtre faites que par le conſentement vniuerſel des Peuples.

Les Sujets auront liberté de con-
ſcience.

Les Prouinces éuiteront exactement
de donner aucun ſujet aux Etrangers
de leur faire la guerre.

Ce n'eſt point encor aſſez de vous
auoir parlé de l'origine de la Republique des Prouinces vnies, & de vous
auoir décrit ſes Loix fondamentales,
ſi l'on ne vous en fait voir la pratique
dans ſon Gouuernement.

Vous ſçaurez donc que
Chaque Ville des Prouinces vnies
reconnoit vn Magiſtrat particulier à
la Ville, vn Magiſtrat Prouincial, &

le College des Seigneurs les Estats Generaux des Prouinces vnies.

Le Magistrat de la Ville comprend
des Conseillers, des Bourgmestres, &
des Escheuins.

Les Conseillers sont pour l'ordinaire au nombre de quarante, qui demeurent immuables, & sont toute leur
vie en exercice, afin qu'ils puissent agir
sans apprehender les ressentimens qu'-
ils pourroient auoir, s'ils deuoient estre
vn jour comme les autres personnes
priuées.

Ils ne s'assemblent que pour nommer des Bourgmestres & des Escheu-
uins, dont les vns sont pour les affaires
de la Iustice, & les autres pour la Police; ou pour deliberer sur quelque pro-
position des Estats de la Prouince, &
juger des déportemens des Magistrats.

Il y a encor dans chaque Ville vn
Bailly qui juge absolument dans les
causes criminelles. Il exerce cette
Charge aussi long-temps qu'il plaist
au Conseil de la Ville.

Le Magistrat Prouincial est com-
posé d'vn Conseiller de chaque Ville

de la Prouince, pour conſeruer ſes priuileges, & maintenir ſes franchiſes.
De la Sentence des Eſcheuins, au deſſus
d'vne certaine ſomme, on appelle à
cette Cour.

Le College des Seigneurs les Eſtats
Generaux eſt compoſé d'vn Deputé
des Conſeils Prouinciaux, & étably
pour la Politique, les Alliances, les
Traittez auec les Roys & les Princes
étrangers, pour la leuée des deniers,
& enfin pour ce qui concerne le bien
& le repos de la Republique.

A l'Aſſemblée des Eſtats Generaux,
vn Aſſeſſeur ou Penſionnaire fait l'ouuerture des affaires; les Deputez des
Prouinces écoutent & reçoiuent ſes
propoſitions, qu'ils enuoyent ſans y
répondre aux Conſeils Prouinciaux.
Les Conſeils Prouinciaux ne font rien
ſans conſulter les Villes. Les Villes
aſſemblent leurs Magiſtrats, & leurs
reſolutions remontent de la Prouince
aux Eſtats Generaux; ce qui rend à la
verité les affaires vn peu longues, mais
elles en ſont mieux digerées.

Ainſi vous voyez que la Souuerai-

neté ne reside point dans les Deputez
des Eſtats Generaux, quoy qu'ils ſemblent auoir toute la puiſſance, mais
dans les Eſtats de chaque Prouince, &
dans le Conſeil des Villes. En effet, les
Villes dreſſent leurs Loix particulieres, & font leurs affaires ſans en com-
muniquer aux Eſtats Generaux ; & au
contraire, les Eſtats Generaux ne peuuent rien entreprendre, ſans en écrire
aux Prouinces, & les prier d'obtenir
des Villes particulieres la permiſſion
d'executer ce qu'ils propoſent.

Les Prouinces preſident ſucceſſiue-
ment chacune la ſemaine ; elles enuoyent vn ou pluſieurs Deputez, qui
tous enſemble ne forment qu'vne voix.

La voix d'vne Prouince n'eſt pas
moins forte que celle d'vne autre.

Chaque Prouince paye les Deputez,
& les change tous les trois ans, peut-
eſtre afin que pluſieurs ayent part aux
affaires.

Chacun peut aſpirer à la Magiſtra-
ture, pourueu qu'il ait du merite, &
aſſez de bien pour vaquer aux affaires
publiques, ſans s'incommoder.

CHAP.

CHAPITRE V.

Des interests des Prouinces vnies.

EN l'année 1581. la République des Prouinces vnies secoüa le joug des Espagnols, assistée de la France & de l'Angleterre: Elle ne considere ces deux Royaumes, qu'en tant qu'ils contribuënt à asseurer sa liberté: Elle tâche de maintenir dans l'égalité les forces de France & d'Espagne aux Païs-bas, & ne redoute rien plus que le trop d'auantage de l'vn ou l'autre party.

D

LE VOYAGE
DE FRIZE.

CHAPITRE I.

De la qualité du Païs, & des Villes de Frize.

E Païs de Frize ne difere presque point du terroir de Holande. Ses principales Villes sont, Groninguen, Emdem, Auldembourg, & Bremen.

Groninguen est assise sur les Riuieres d'Himeso & d'Aha : Son Port est tres-estimé; ses fossez, ses remparts, & ses bastions, la rendent considerable. Elle est vne Seigneurie dont les Princes du

Païs-bas ont pris autrefois le titre: Aujourd'huy elle tient le septiéme rang entre les Prouinces vnies, fait comme vn Estat separé, & donne des Gouuerneurs aux Villes dépendantes. Cette Place est tout à fait grande, riche, & bien bastie.

Emdem, Capitale de la Frize Orientale, est située sur la Riuiere d'Ems, renommée pour la commodité de son Port, & la profondeur de son Canal. Ses fortifications, la grande Eglise, & la Cour de Iustice, la font beaucoup estimer.

Auldembourg & Bremen sont deux petites Villes. On voit dans le Chasteau de la premiere vn Crucifix d'or de vingt-cinq mille escus. Et dans la seconde, des maisons riches & fort éleuées, auec deux Eglises couuertes de cuiure.

La Frize porte d'azur semé de billettes couchées d'or, à deux Leopards de mesme.

LE VOYAGE

DE

DENNEMARC.

CHAPITRE I.

De la qualité du Païs, & des Villes de Dennemarc.

E Dennemarc eſt borné au Couchant de la Mer Germanique; au Septentrion, de Noruege & de Suède; au Leuant & au Midy, de la Mer Baltique.

Ses Prouinces ſont, Iutland, Fuynen, Zelande, & Chonen: Cette derniere, la plus belle & la plus riche, appar-

tient aux Suedois depuis la Paix faite
entre Frederic III. Roy de Dennemarc, & Charles Gustaue Roy de
Suede. Le Païs, en certains endroits,
produit de bons pâturages, & quantité
de froment.

Les Places principales sont, Rens-
bourg, Flensbourg, Alsen, Ottensée,
Nibourg, & Roskilt, qui ne sont con-
siderables que pour auoir beaucoup
souffert dans les guerres passées.

Coppenhagen, le sejour ordinaire
des Roys, la premiere & la capitale du
Royaume, est vne Ville qui a soutenu
l'espace de plus de deux années vn
des plus rudes Sieges, qui a repoussé
mille fois l'Armée Suédoise, & qui
par la seule vertu de ses Bourgeois a
rompu tous les efforts, & fait auorter
les grands desseins d'vn des plus grands
Princes du Monde. Son Port est au
milieu des eaux de la Mer Baltique,
tres-commode pour le Commerce. Le
Louure est vn bastiment couuert de
cuiure; les Maisons particulieres, &
les Ruës, n'ont rien que de commun.

Les Gentilshommes Danois ne sont

pas si fiers, ny si subtilisez que leurs voisins, mais plus ciuils & de meilleure foy.

Les Dames sont belles & blondes.

La Communion Lutherienne fut introduite en ce Royaume par Ioachim Pomeran Ministre sous le regne de Christian II. en 1523.

MONNOYE DE DENNEMARC.

En Dobelt Rosenobel, qui vaut, monnoye de France, 24 liures.

En Rosenobel, 12 liures.

En Ducat, 6 liures.

En Rixdaler, 3 liures.

En Slet Daler, 40 sols.

En Half Rixdaler, 30 sols.

En Half Slet Daler, 20 sols.

En Rix Marck, 12 sols 6 deniers.

En Slet Marck, 10 sols.

En Dotting, 3 sols 9 deniers.

En Lubshe Schilling, 1 sol 3 deniers.

En Danshe Schilling, 7 deniers.

CHAPITRE II.

Des interests de Dennemarc.

LEs interests de Dennemarc demandent, que l'Empereur soit telle-
ment occupé à ses propres affaires,
qu'il n'ait pas le temps de les incommoder ; que les François ne se rendent
point les maistres des Païs-bas ; que
les Suedois, leurs plus redoutables ennemis, soient abandonnez des Moscouites ; qu'ils ne reçoiuent aucun secours de Holande ; & sur tout que l'argent de France soit aresté, & qu'vne
guerre ciuile consomme toutes leurs
forces.

Le Dennemarc porte d'or semé de
Cœurs de gueules, à trois Lyons leo-
pardez d'azur, couronnez, lampassez,
& armez d'or.

LE VOYAGE
DE SVEDE.

CHAPITRE I.

*De la qualité du Païs, & des mœurs
des Suedois.*

L A Suede est vn Païs de plus grande étenduë que la France & l'Italie jointes ensemble, & beaucoup plus fertile que l'vne & l'autre en Pierres, Lacs, Roches, & Montagnes. Elle a pour ses limites au Couchant, la Noruege ; au Nort, la Lappie ; au Leuant, la Finlande ; &

au Midy, la Mer Baltique. L'air y
eft fi pur, qu'on y a veu fouuentefois
des Hommes âgez de cent trente &
cent quarante années. Ses richeffes
confiftent dans l'abondance de viures,
quelques Mines de cuiure, d'argent,
de plomb, de fer, & quantité de bois.

En verité, c'eft vne chofe peu commune, qu'vne Foreft de trente lieuës
de longueur, dont les arbres plantez
fur vne glace couleur de celadon s'é-
leuent orgueilleufement jufqu'aux
nuës, & conferuent malgré la rigueur
des Hyuers leur premiere verdure.
Cette Foreft de toutes parts eft fermée
de Roches & de Montagnes, qui n'ont
rien d'affreux que le nom, chargées de
neiges jufqu'à la cime, & de Pins, qui
dans la diuerfité de leurs couleurs font
le plus doux meflange du monde. Du
flanc de ces Rochers vous voyez des
Torrens que la Nature a glacez &
tient en l'air fufpendus, pour s'eftre
voulu precipiter fans fon aueu. O la
belle chofe! Vne Foreft fe voit en
cent endroits; cent Roches fe voyent
fur vn Torrent; cent Torrens, cent

D v

Roches, & cent Montagnes, se mîrent
dans vne glace; & toutes par vne reflexion continuelle des vnes aux autres, font voir vn païsage & des persp-
pectiues, dont la beauté & la naïueté
surpasse nos idées.

Cette Forest se rencontre entre Yenekopin & Elsimbourg, en passant par
Almestad.

Le Suedois est bel Homme & ro-
buste; il est adroit, bon Soldat, & plus
que grand Capitaine; parle les Langues étrangeres, entend la Politique,
& n'ignore rien de tout ce qui fait vn
galant Homme. Il imite dans ses habits la magnificence des François : La
Nation est accusée d'vn peu de fierté,
sur tout quand elle a l'auantage; car
quand il y va de ses interests, elle sçait
trop bien dissimuler, pour ne point paroistre dans la soumission.

Les Païsans ne sont pas si miserab-
bles qu'on nous les fait; la pluspart
sont bien vestus & bien chauffez, ont
toûjours bonne table & grand feu, mais
la bourse mal garnie. Leurs maisons
sont faites de bois, & couuertes de

paille; l'exterieur ne témoigne que
misere & pauureté : cependant si vous
y entrez, vous verrez des petits Palais,
des chambres fort propres, & des Cabinets remplis de tableaux : Ne croyez
pas que ce soient des peintures de
Flandre, ou d'Italie.

Leur façon de cultiuer la Terre, &
d'auoir des grains, est admirable; la
charruë ne leur est point connuë, car
il n'y a pas de champs à labourer; la
besche & le hoüyau n'ont point assez
de force pour mordre sur les Pierres &
sur les Roches, & le feu seul est capable de les tirer de la necessité : Ils
brulent des Forests entieres, & apres
leur consommation, ils sement sur les
cendres qui en restent du bled meslé
auec de la terre, & sans aucun autre
trauail, recueillent deux ans apres de
fort bons grains.

Illa seges demum votis respondet auari
Agricolæ, bis quæ solem bis frigora sensit.

Les logis des Prestres de la campagne
doiuent estre des Auberges publiques
pour les passans : Le Sacerdoce est à
ce prix.

Les Lievres font blancs en Hyuer,
& noirs ou gris en Efté.

CHAPITRE II.

Des Villes de Suede.

LEs premieres Villes du Royaume
font Yenekopin, Linkopin, Norkopin, Nykopin, Telg, Vpfalle, Sylfberge, Coperberge, qui toutes en-
femble ne valent pas Vaugirard &
Montmartre.

Stokolm, la Capitale & le Siege ordinaire des Roys, eft vne Place fermée
de Lacs, de Roches, de Montagnes:
Cette fituation vous doit paroiftre
étrange, & cette affiette bien bigearre.
On dit auffi de cette Ville, que le ha-
zard & la Fortune feule luy ont donné
ce Plan, & l'on rapporte que les premiers Suedois, apres auoir perdu par
le feu leur Ville principale, fe refolu-
rent d'en baftir vne autre, mais de

commettre à la Fortune le choix de son
assiette. Pour cela ils jetterent en Mer
vn baston, dans le dessein de s'arrester
où le Sort & la Mer le porteroient ; &
enfin ce baston s'estant trouué entre
ces écueils, ils y ont basty leur Ville.
Quoy qu'il en soit, il faut auoüer que
cette situation fantasque & éloignée
de la terre, n'est point tout à fait desa-
uantageuse. Son Port est autant seur
qu'il y en ait dans l'Europe : Les
plus grandes Nauires approchent si
prés de la Ville, qu'ils semblent tou-
cher les maisons des particuliers, &
demeurent tranquilles au milieu du
Port sans ancres & sans cables.

L'Eglise des Franciscains est assez
belle. C'est dans ce lieu qu'est enterré le grand Gustaue Adolphe, de
glorieuse memoire. Son Tombeau
porte cette Epitaphe.

Gloria

Altissimo suorum refugio.

sepultura potentissimi Principis Gustaui
Magni D. G. Regnorum Suecia Regis in-
comparabilis, qui Regno vndique hostibus
obsesso ad Imperium intrauit, paccatis de-

inde Danïs, Moſcoque, & Polono mitiori-
bus factis Regnum ampliauit, ſummâque
prudentiâ gubernauit, tandem retruſo Cæ-
ſare in pugnâ Lutcenſi victor Heroïce obyt.

In anguſtys intrauit, pietatem amauit,
hoſtes proſtrauit, Regnum dilatauit, Suecos
exaltauit, oppreſſos liberauit, moriens trium-
phauit.

Le Louure eſt vn baſtiment couuert
de cuiure, dont les dehors portent quelque apparence, mais qui n'eſt qu'vn
monſtre d'Architecture, vn logis ſans
forme, ſans ſuite & ſans égalité, ſeulement vne confuſion & vn amas d'a-
partemens, de Pauillons, de Tours,
de Chambres & d'Eſcaliers.

Sa Majeſté âgée ſeulement de ſept
ans, eſt vn Prince qui n'a rien de bas
que l'âge, & dont le port & les actions
font juſtement eſperer vn Roy digne
ſucceſſeur du grand Guſtaue.

L'Arſenal eſt à conſiderer: On y
voit pluſieurs beaux Canons de fonte
remportez dans la guerre ſur les Moſ-
couites & ſur les Polonnois, & principalement dix Pieces, qui portent chacune quatrevingts dix liures de boulet,

& font longues de quatre grandes braſ-
ſes.

La Flote eſt de quarante Vaiſſeaux
toûjours bien entretenus.

Sylfberge eſt vne petite Ville éloignée de Stokolm de vingt lieuës, conſiderable par vne Mine d'argent qu'on
a trouué à ſes portes. Ie veux vous en
faire la peinture.

Il faut auoüer que l'or & l'argent
ont vne grande puiſſance & vn aſcen-
dant bien fort ſur l'eſprit des Hommes, puiſqu'apres auoir mis en pratique tout ce qui ſe rencontre ſur la terre
pour ſatisfaire leur auarice inſatiable,
ils entreprennent de renuerſer la Nature, de foüiller juſqu'au centre du
Monde, & s'expoſent à perir mille
fois en vn moment, pour chercher vn
bien qui n'a rien de ſolide, & dont la
poſſeſſion ne ſçauroit ſeruir qu'à faire
croiſtre leurs deſirs, & augmenter leur
auidité.

Creſcit amor nummi quantum ipſa pe-
cunia creſcit,
Et minus hanc optat qui non habet.

L'entrée de cette Mine large & profonde paroiſt eſtre plutoſt l'ouuerture d'vn precipice, que celle d'vn lieu où la Nature ait caché ſes treſors; tout y eſt horrible, tout y fait peur, on ne voit point de fond, on ne voit point de bornes, le jour & la lumiere n'y ſont point connus, la nuit ſeule & la confuſion y regnent, & l'on croit voir (de quelque façon qu'on regarde) le veritable portrait du premier Cahos. Cette entrée eſt defenduë par des barrieres, pour empeſcher que les temeraires ne ſe perdent en s'approchant de trop prés. Vn Sceau ſuſpendu & attaché par trois chaiſnes de fer à vn cable, ſert icy d'eſcalier; c'eſt la ſeule voiture & la ſeule commodité pour deſcendre dans cette abyſme, ſi l'on peut appeller commodité la moitié d'vn tonneau qui ne reçoit que la moitié de noſtre corps tout nud, puis que l'autre partie demeure continuellement en l'air, & qu'il faut auparauant que d'y entrer ſe dépoüiller de ſes habits, & abandonner ſon équipage.

Dans cette difpofition vous defcen-
dez lentement, accompagné de deux
Satelites dont la noirceur, la puanteur,
& le mauuais entretien, vous obfede
de telle forte l'efprit & la penfée, que
le plus fouuent vous eftes reduit dans
vn eftat incapable (comme fi vous n'a-
uiez ny efprit ny penfée) de faire aucune reflexion fur le danger que vous
courez d'eftre ainfi expofé, d'auoir la
moitié du corps dans vn Sceau, & l'autre moitié dehors ; de dépendre abfolument du caprice de ceux qui vous
conduifent, & de ne deuoir voftre vie
qu'à la force du cable qui vous fou-
tient. Iamais Orphée n'eut tant de
peines, & ne fut fi long-temps à paffer
aux Enfers. Ces miferables portent à
la main des torches de bois ardentes
pour diffiper les tenebres qui vous en-
uironnent, & dont l'épaiffeur eft fi
forte, qu'à peine pouuez-vous reconnoiftre ceux qui font à vos coftez. A la
moitié du chemin, vous reuenez de ce
premier affoupiffement ; & l'abondance des eaux qui tombent de toutes
parts, contraires à celles du Stix, ne

permettent point que vous demeuriez
plus long-temps dans la letargie; &
bien loin de vous faire oublier ce que
vous auez entrepris, elles vous réueil-
lent, & il semble qu'elles ne vous mal-
traittent, qu'afin de vous mieux repre-
senter la grandeur du peril, la profondeur de la Mine, & de vous faire re-
pentir, par la crainte & par l'horreur
qu'elles vous jettent dans l'ame, de
voſtre trop grande temerité. Mais
apres cet humide paſſage, toutes vos
apprehenſions se diſſipent, & l'agreable diuerſité des objets qui se preſen-
tent à vos yeux, vous fait paſſer d'vn
excés de melancolie aux tranſports de
la joye; l'eſperance que vous auez de
ſortir de voſtre machine vous flate, &
cette horrible profondeur venant tout
d'vn coup à diſparoiſtre, vous vous
promettez de ſatisfaire pleinement
voſtre curioſité. En effet, y a-t'il rien
de plus beau & de plus admirable, que
de rencontrer au fond d'vn precipice
des Hoſtels, des Palais, des Forte-
reſſes, & de voir dans le centre de
la terre tous les Elemens vnis? Le

feu & l'eau, qui n'ont iamais esté d'accord, sont icy d'intelligence, renoncent à leurs propres qualitez, abandonnent leurs anciens diuorces, & nous découurent au defaut du Soleil, l'vn par sa clarté, & l'autre par reflexion, les richesses & les secrets de la Nature.

Cent Peuples diferens, surpris de voir arriuer des étrangers dans vn lieu qui n'est destiné que pour la gesne & le supplice des miserables, accourent de toutes parts, & viennent auec humilité se prosterner à vos pieds, heureux s'ils peuuent obtenir quelque charité, & encor plus heureux s'ils peuuent pour vn moment s'exempter du seruice. Vous y trouuez des François, des Allemans, des Anglois, des Italiens, des Moscouites, qui sont plutost des Carcasses mourantes, que des Hommes viuans. En effet, ils sont dans vn estat qui a si peu de rapport au nostre, qu'il donneroit de la compassion aux plus insensibles : Il n'y a point dans les Enfers d'Ixion, ny de Sisiphe, dont les peines & les trauaux soient à comparer

à leur mauuais équipage ; car qui a-t'il
de plus horrible à voir que des corps
nuds, estropiez, maigres, pâles, lan-
guissans, & défigurez, qui sont forcez
de trauailler sans cesse à creuser leur
tombeau, & contraints de chercher la
mort au milieu de l'or & de l'argent,
qui pour les autres Hommes sont des
sources de vie, & les sujets de leur
plaisirs?

Apres que tous ces miserables vous
ont salué, ils se retirent, & vous entrez
dans la Mine. L'abord ne vous pre-
sente que des monceaux de pierres, &
les restes de quelques voûtes brisées
qu'on tire dehors. Vous passez encor
par quantité de chambres & de places
qui n'ont presque rien de considerable,
& dont l'horreur & la nudité ne sçauroient seruir qu'à releuer le merite &
la beauté du lieu principal de ce laby-
rinthe où l'on vous conduit; c'est vn
Sallon dont l'assiette est autant charmante & agreable qu'elle est extraordinaire; Vous voyez de ce Sallon la
disposition, la profondeur, & presque
toute l'étenduë de la Mine ; Vous

voyez comme d'vn costé on pique des
voûtes, comme on arrache le Roc du
Roc, & comme on transporte ces pierres pretieuses; d'vn autre vous voyez
des desseins que l'on forme, des bastimens qu'on éleue, des fondemens
qu'on sape, des murailles qu'on ren-
uerse, & tous les efforts que l'on fait
pour découurir & pour suiure vne
veine d'argent. Mais ce qui rend encor ce Sallon plus considerable, c'est
qu'il est au milieu de quatre superbes
promenoirs dont les murailles & les
voûtes sont faites de fines pierres d'argent: Leur largeur est enuiron de
trente pas. Il y a d'vn costé au pied
des murailles quantité de feux, & à
l'opposite vn ruisseau qui coule, dont
les eaux sont aussi claires, que les pierres qu'elles baignent sont riches; &
entre ces deux élemens qui contribuënt également à la beauté de ce lieu,
on voit passer presque tous ceux qui
trauaillent à la Mine, *Ibi brontes, ibi
steropes & nudus membra Pyragmon.* Les
vns viennent, & les autres retournent;
les vns portent du bois, & les autres

roulent des pierres; les vns tirent des
chariots, & les autres traiſnent des
épieux; les vns trauaillent au feu, &
les autres à diferents emplois qu'on
leur donne.

Il m'eſt impoſſible de vous décrire
tous les autres lieux, & iamais on n'en
ſortiroit, ſi on vouloit tous les viſiter.
On retourne dans la meſme machine,
& dans la meſme diſpoſition que l'on
eſt deſcendu; auant que de ſortir, on
fait ſes charitez, & on laiſſe quelque
argent. De là vous pouuez aller aux
Fourneaux, vous y verrez comme on
fait fondre les pierres qu'on tire de la
Mine; on les met au feu juſqu'à ce que
la terre ſe ſoit euaporée & changée en
écume; car alors le metail eſt pur, &
l'argent eſt parfait.

CHAPITRE III.

De la Religion, & du Gouuernement de Suede.

LA Suede est vn Royaume électif. Gustaue de Vasa en chassa les Danois, & s'y fit couronner Roy : Il mourut en 1560. Ce Prince eut deux enfans, Iean & Charles. Iean, qui estoit l'aisné, laissa en mourant vn Fils nommé Sigismond, qui luy auroit succedé, si Charles son Oncle ne l'eust fait declarer incapable de gouuerner, afin d'estre éleu en sa place. Apres que Charles eut dépossedé son Neveu Sigismond, il introduisit en Suede la Secte de Luther, & s'appropria les biens de l'Eglise : Il estoit ayeul de la Reyne Christine, qui ceda la Couronne l'an 1644. à Charles Gustaue son Cousin, Fils de Casimir, de la Maison des Palatins du Rhin, & de Catherine Sœur de Gustaue Adolphe Roy de Suede.

Sigifmond abandonna la Suede, &
fut couronné Roy de Pologne à Cracouie l'an 1587. à la confideration de
Catherine Iagellon fa Mere, qui eftoit
Fille de Sigifmond I. Roy de Pologne.
Les pretentions que les Polonnois ont
voulu auoir fur la Couronne de Suede,
venoient de cette vfurpation. Le Roy
aujourd'huy reghant eft fon fecond
Fils.

Les Lutheriens ont des Euefques,
des Preftres, & des Diacres mariez.
Leurs Eglifes ne font point diferentes
des noftres; ils chantent la Meffe en
Mufique, & obferuent quantité de
Ceremonies Romaines. dans l'admi-
niftration du S. Sacrement de l'Autel,
& du Baptefme.

Aux grandes Feftes de l'année ils
vont à confeffe; ils fe rencontrent dix
ou douze aux pieds de leur Miniftre,
& s'y mettent à genoux. Le Miniftre
leur fait vne petite exhortation, & leur
demande s'ils ne reconnoiffent pas deuant Dieu qu'ils font des pecheurs, ils
le confeffent; s'ils ne font pas bien faf-
chez d'auoir offenfé fa diuine bonté,
ils

ils l'asseurent; s'ils veulent s'abstenir
du peché, ils le promettent; s'ils
croyent qu'il a la puissance de les ab-
soudre, ils l'auoüent; & alors le Prestre
leur declare que toutes leurs fautes
leur sont remises. Ils se leuent ensuite,
s'embrassent, & se reconciliënt ensemble, apres l'auoir fait auec Dieu.

Le principal poinct de leur heresie
consiste à croire l'impanation au Tres-
Saint Sacrement de l'Eucharistie.

Le Royaume de Suede est vn Estat
Monarchique, gouuerné auec tant
d'adresse, que sa Politique peut passer
pour vne des plus regulieres & des
mieux fondées: Le Roy, quoy qu'ab-
solu, n'obeït point à ses passions, & ne
peut rien entreprendre au prejudice de
son Estat: Le Senat, & le Peuple, quoy
que puissans, sçauent toûjours si bien
se conformer aux volontez de leur
Prince, que difficilement se trouuent-
ils d'vn sentiment contraire.

Dans les affaires de grande importance, comme au regard de la Paix, de
la Guerre, des Ambassades, des Alliances, le Roy fait proposer au Parle-

E

ment ce qu'il voudroit refoudre : Les
Senateurs y répondent auec vne en-
tiere liberté, & le plus de voix l'emporte. Cependant quand il arriue que
la plus grande partie conclud contre
les fentimens du Roy, Sa Majefté fait
affembler les Eftats Generaux, pour
obtenir d'eux ce qu'elle n'a pû auoir
du Senat.

Les Eftats font compofez de la Nobleffe, du Clergé, des Marchands, &
des Païfans qui font au Roy, c'eft à
dire des Païfans qui ne font point fer-
uiteurs des Gentilshommes, mais qui
fubfiftent par eux-mefmes.

La Nobleffe y enuoye les aifnez des
Familles ; l'Eftat Ecclefiaftique députe
deux Preftres de chaque Communauté ;
les Villes donnent deux Marchands ;
& chaque Territoire enuoye deux de
fes Habitans.

Ces quatre Corps examinent en particulier la demande & la volonté du
Prince, & y répondent comme ils le
jugent plus à propos ; le plus de voix
l'emporte, & termine abfolument toutes les difficultez : Que fi les voix fe

trouuent égales, que deux Corps foient
pour vn Party, & deux autres pour le
contraire, le Roy peut en ce cas faire
élection, ou fuiure fon premier def-
fein.

Les autres affaires fe rapportent à
l'vn des fept Confeils.

Au Confeil de Iuftice préfide le
grand Iufticier, affifté de quatre Senateurs, de fix Gentilshommes, & de fix
Docteurs.

Au Confeil de Guerre préfide le
Conneftable, auec quatre Senateurs
Marefchaux.

Au Confeil de l'Admirauté, le Grand
Admiral, auec quatre Senateurs Vice-
Admiraux.

A la Chancelerie préfide le Grand
Chancelier, affifté de quatre Senateurs
& des Secretaires d'Eftat.

Au Confeil des Finances préfide le
Grand Treforier, affifté de quatre Senateurs & de Commis.

Ces cinq Officiers font appellez les
cinq Grands Seigneurs, font Tuteurs
du Roy, & gouuernent abfolument le
Royaume pendant fa Minorité.

Au Conseil du Commerce est vn President, auec quatre Senateurs.

Au Conseil des Montagnes, vn President, auec quatre Senateurs.

La Suede est diuisée en cinq Gouuernemens generaux, de Finlande, d'Ingermanland, de Lisland, de Pomeranie, & de Chonen.

Elle obeït à quatre Grands Presidens de Iustice : Le premier au Duché de Finlande, reside à Obo ; Le second en Gothie, reside à Norkopin ; Le troisiéme en Lisland, est à Dort ; Et le quatriéme en Pomeranie, est à Vismar.

Et reconnoist vingt-neuf Lieutenans Generaux Gouuerneurs des Prouinces pour le Roy.

Celuy d'Vplande reside à Vpsalle.

De Soudremanland, à Norkopin.

De Vesmanland, à Salberg.

De Nerket, à Vrbro.

D'Vstrienland, à Nykopin.

Deux en Vestriula, l'vn à Scala, & l'autre à Gotemborg.

Trois en Smolande, l'vn à Calma, le second à Yenekopin, & le troisiéme à Cronemborg.

D'Ongremanland, à Gueflé.

D'Ieutland.

De Vermeland.

De Norbotten.

D'Vftrebotten.

De Melpa.

De Nuflot.

De Nuteborg.

De Sauelax.

De Carelen.

Deux en Finlande.

Deux en Liuonie; le premier eft à Dort, & le fecond à Riga.

De Nunchans.

De Chonen.

De Blequen.

D'Hala.

Et de Borcolen.

Le Roy defunt a toûjours entretenu vingt-huit Regimens, & a laiffé pour baftir tous les ans neuf Vaiffeaux de guerre.

MONNOYE DE SVEDE.

Dobelt Ducat, qui vaut, monnoye de
  France,   12 liures.

Ducat,   6 liures.

Rixdaler,   3 liures.

Suenfdaler,	40 fols.
Copftyck,	20 fols.
Marck,	10 fols.
Half Marck,	5 fols.

Trois fols Suedois valent vne Marck.

Scilling,	7 deniers.

Les Dames Suedoifes, quoy que nées dans vn Païs affez rude, ont tant de perfections & de merite, que ie croirois manquer au refpect qui leur eft dû, fi ie ne vous rapportois vne partie des graces qui les rendent fi aimables: Leur port vn peu fier a quelque chofe de grand, leur taille eft merueilleufement belle, leur action n'eft point contrainte, leur entretien eft galand, la délicateffe de leur teint eft admirable, la blancheur de leur gorge ternit celle des Lys, & il paroift quelquefois dans l'éclat & le brillant de leurs yeux tant de douceurs, qu'il n'y a point d'ame à l'épreuue de leurs charmes, & qu'vn cœur difficilement leur pourroit refifter.

CHAPITRE IV.

Des interefts de Suede.

LEs interefts de Suede font, de s'allier auec les Mofcouites, de tenir
également en alarme le Dennemarc &
la Pologne; de ne point embaraffer les
Holandois, de bien faire valoir cette
étroite vnion qu'ils ont auec la France,
& de rechercher toutes les occafions
d'entrer en Allemagne, appuyez de
fon fecours & de fes finances.

La Suede porte d'azur à trois Couronnes d'or, qui marquent l'ancienne
alliance des trois Royaumes de Suede,
Dennemare, & Noruege, qui ont efté
long-temps vnis & gouuernez par vn
mefme Prince jufqu'au regne de Chrif-
tian II. qui fut chaffé de Suede par
Guftaue de Vafa en 1544.

LE VOYAGE
D'ALLEMAGNE.

CHAPITRE I.

De la qualité du Païs, & des mœurs des Allemans.

'Allemagne eſt au milieu de l'Europe, bornée de la Pologne au Leuant, de la Mer Baltique au Nort, de la Lorraine & de la Bourgogne au Couchant, & des Alpes au Midy.

Son terroir eſt riche en toute ſorte de choſes ; les Bleds, les Pâturages, le Sel, les Fruits, les Vins, les Cheuaux, y font tres-excellens : L'Hyuer y eſt vn peu rude, mais on ſçait dans les Poiles le moyen de s'en garentir.

Les Allemans ſont grands, bien faits, d'vn naturel diſcret, aſſez francs, & genereux. Ils voyagent dans les Païs étrangers, ſçauent beaucoup, s'appliquent ſerieuſement à ce qu'ils entreprennent, font belle dépenſe, & ſont par toute la Terre bien eſtimez. Les Loix de l'Empire leur permettent trois Religions, la Catholique Romaine, la Lutherienne, & la Pretenduë Reformée; La pluſpart ſont de la meſme Communion que leurs Princes.

CHAPITRE II.

De quelques Villes d'Allemagne.

HAmbourg eſt vne des premieres Places d'Allemagne, riche, marchande, peuplée, & tres-fortifiée. Si i'auois quelque intelligence dans les

E v

Mathematiques, ie m'efforcerois de
vous décrire la hauteur de ses rempars,
la justesse de ses bastions, la force de ses
courtines, & l'auantage de ses dehors;
ie vous ferois voir en vn mot qu'Hambourg rencontre peu de ses pareilles.
Les Lutheriens, les Catholiques, les
Reformez, Anabaptistes, Trembleurs,
Ariens, & Iuifs, ont icy vn libre exercice du Commerce & de leurs Religions.

Liege, Capitale d'vn Païs du mesme
nom qui ne reconnoit point d'autre
Prince que son Euesque, est vne des
belles Villes du Monde, & qui merite
autant d'estre veuë. Ce sont douze Col-
lines chargées de maisons & de jardins,
qui se mîrent dans vn Fleuue des plus
renommez de l'Allemagne; & la Ville
qui se voit sous la Meuse, ne paroist pas
moins belle que celle qui est sur le
bord.

Le Palais & le Pont-neuf qu'a fait
bastir Maximilian Henry Duc de Ba-
uiere, Archeuesque & Electeur de Cologne, Euesque & Prince de Liege,

font des ouurages dignes d'vn ſi grand Homme.

Les Egliſes ſont auſſi communes en cette Ville, qu'elles ſont rares dans le voiſinage ; On y rencontre des Monaſteres & des Couuents pour l'vn & l'autre Sexe de tous les Ordres, trente-deux Parroiſſes, ſept Egliſes Collegiales, & vne Cathedrale dediée à S. Lambert. C'eſt vne belle choſe à voir dans cette Egliſe, qu'vne infinité de Chantres, de Chappelains, & d'Enfans deſtinez pour l'Office, trois Chœurs de Muſique, auec vn Eueſque Prince de la Ville, du Païs & de l'Empire, à la teſte de quarante Chanoines qui ſont reueſtus de ſoye violette, d'vn camail fourré d'hermines, & d'vne majeſté qui pourroit diſputer auec la pourpre du plus celebre College des Cardinaux.

Le S. George d'or que donna Charles de Bourgogne, & le Tombeau du Cardinal Marca Eueſque & Prince de Liege, doiuent eſtre remarquez : Ce Tombeau eſt de cuivre doré à l'épaiſſeur d'vn Ducat, éleué ſur vn Theatre de meſme étoffe ; à l'vne des extremitez

l'Euefque paroift, & à l'oppofite la
Mort fort du fepulchre, pour auertir
ce Prince qu'il eft temps d'abandonner
ce mortel fejour, & d'aller comparoif-
tre deuant le Tribunal du grand Dieu
des Armées.

Le principal trafic de cette Ville
confifte en armes qui font à tres-jufte
prix; Vn bon Fufil couftera au plus
fix liures, & vne Epée quarante fols.

La Citadelle vn peu trop éloignée de
la Place, & la plus grande partie des
Dames barboüillées & enfumées, ne
tiendront point icy de rang.

Aix eftoit autrefois le Siege Imperial
de Charlemagne; fa Statuë paroift encor fur vne Fontaine deuant la Maifon
de Ville: mais aujourd'huy Aix ne
conferue prefque plus rien de fon ancienne grandeur, & l'incendie qui s'y
eft allumée, n'a épargné que les Bains,
& vne partie de l'Hoftel de Ville.

Cologne, dite Agrippa, à caufe
(felon quelques Autheurs) qu'Agrippa
receut ce Peuple en la protection des

Romains, & (selon d'autres) à cause
qu'Agrippine Femme de l'Empereur
Claude y prit naissance, est la premiere
des quatre Villes rustiques de l'Empire,
grande & peuplée, assise sur le Rhin,
fortifiée de deux larges fossez, & defenduë de plusieurs Tours. Son Archeuesque est vn des Electeurs, & son
Eglise Métropolitaine, quoy qu'impar-
faite, est estimée l'vne des plus superbes
d'Allemagne.

Le Palais & l'Vniuersité, les Ruës
larges & droites, les Places publiques,
& les maisons superbement basties, la
font beaucoup renommer : mais ce
grand Vin qu'elle produit, ce Vin de
Rhin, dont la séue, la couleur, & la
force, surpasse l'excellence des premiers Vins de Grece, & la délicatesse
des Vins d'Espagne, la rend à mon gré
la plus aimable Place que le Soleil
éclaire aujourd'huy.

Vienne est la Capitale d'Austriche,
& la demeure ordinaire de Sa Majesté
Imperiale. Cette Ville est estimée pour
sa grandeur, la beauté de ses édifices,

& le gaand nombre de Citoyens : Elle
eſt recommandable pour ſa ſituation
ſur le Danube ; elle eſt extraordinaire
en ſes fortifications, & encor toute
glorieuſe & ſuperbe de ce fameux
Siege qu'elle ſoutint l'an 1529. contre
Soliman Empereur des Turcs, auec
tant d'auantages, quand elle auoit en
ſes mains les intereſts de l'Europe, &
que la gloire ou la ruine de toute la
Chreſtienté dépendoit du ſuccés de ſes
armes. Ces Croiſſans qu'elle porte encor
aujourd'huy au deſſus des Tours de l'E-
gliſe de S. Eſtienne ſa Cathedrale, ſont
les marques de cette heureuſe journée
qui reprochans ſans ceſſe à la memoire
d'vn ſi grand Capitaine la retraite hon-
teuſe qu'il fit, éleuent Vienne au deſſus
des premieres Villes du Monde.

L'Empereur porte d'or à l'Aigle
éployé de ſable, cerclé, becqué &
membré de gueules, chargé en cœur
d'vn écuſſon de gueules à la faſce d'argent, qui eſt d'Auſtriche.

LE VOYAGE

DE POLOGNE.

CHAPITRE I.

De la qualité du Païs.

A Pologne est bornée au Leuant de la Moscouie & de la Tartarie ; au Midy, de la Hongrie ; au Couchant, de l'Allemagne ; & au Nort, de la Mer Baltique. L'air y est extrémement pur, & le terroir si excellent, qu'il est presque impossible de conceuoir la quantité des grains qui se transportent dans les Païs étrangers ; ce ne sont que Plaines à perte de veuë, entrecoupées d'Estangs, & accompa-

gnées de mille petits Bois qui ne rap-
portent pas moins de commodité au
Païs, qu'ils renferment de beauté :
Cecy regarde particulierement la
grande Pologne qui eft entre Dantzic
& Cracouie.

La petite, qui comprend le refte jufqu'aux Frontieres de Hongrie, n'eft
pas moins fertile, quoy qu'elle ne foit
pas fi vnie : On y trouue des Mines de
Sel & d'Argent, des Vins, & des Fruits
tres-excellens : Elle joüit d'vn air fi
temperé, qu'elle eft communément
appellée l'entrée de l'Italie, c'eft à dire
la porte & le commencement de toutes
les douceurs & des delices que nous
pouuons fouhaiter.

CHAPITRE II.

Des *Polonois.*

LES Gentilshommes Polonois font
extraordinairement grands & ro-
buftes, manient le Sabre auec adreffe,

fçauent les Langues étrangeres, donnent liberalement, font bons Caualiers,
& bons Catholiques. Les Gentilshommes Polonois, fi vous tournez la me-
daille, font brutaux, peut-eftre fuper-
ftitieux, fiers & fuperbes, gens qui ne
facrifiēt qu'à leurs propres fentimens,
& qui ne peuuent point reconnoiftre
d'autre Souuerain que leur liberté.
D'où viennent ces grands auantages
qu'ont autrefois remportez fur eux
les Tartares & les Mofcouites ? &
comment s'eft-il pú faire que le dernier
Roy de Suede, fuiuy au plus de quarante
mille hommes, ait mis aux fers, & re-
dūit vn Païs aux dernieres extremitez,
dont les moindres Armées font de deux
cens mille combattans, fi ce n'euft efté
à la faueur du peu de pouuoir & du peu
d'autorité qu'ils donnent à leur Prince,
du peu d'intelligence qui fe trouue parmy leurs Generaux, & de la defvnion
& des reuoltes qui fe font ordinairement parmy leurs troupes? Vn appren-
tif y veut paffer pour Maiftre ; & vn
fimple Gentilhomme qui depuis fon
enfance n'aura veu des Batailles qu'en

peinture, ne manquera point de préfomption, & aura affez de temérité pour fe croire, parce qu'il eft né Gentilhomme, capable dés fon premier effay de conduire toutes les forces d'vn Empire.

Les Preftres font icy en quantité, & les Religieux en credit.

Les Marchands Polonois font en fi petit nombre, que nous n'en dirons rien qu'apres que leur focieté fe fera dauantage augmentée.

Les Païfans font pauures & miferables, ne poffedent quoy que ce foit au monde, & font fujets à des Seigneurs qui les traittent auec plus de tyrannie qu'on fait les Forçats; Leur vie eft à tres-jufte prix; vn Gentilhomme pour peu de chofe, au regard de fes domeftiques & de fes Païfans, a droit de vie & de mort.

Les Benefices ne fe refignent point; Les Palatinats, les Starofties, & les autres Charges du Royaume, ne font point hereditaires, mais toutes reuiennent entre les mains du Roy qui en difpofe à fa volonté, & en honore qui bon luy femble, pourueu qu'il foit de noble extraction ; de forte que le moindre Gentilhomme peut paruenir aux principaux emplois, & poffeder les premieres Dignitez ; ils fe tiennent tous égaux pour le fang, ont mefme voix dans les affemblées, mefmes pretentions, mefmes droicts, priuileges & franchifes ; leurs richeffes feulement les diftingue les vns des autres.

L'Archeuefque de Gneze jouit de trois cens mille liures de rente, eft le premier Senateur, & celuy qui monte fur le Trône apres la mort du Roy, & qui commande jufqu'à l'élection d'vn nouueau Prince.

Les Roys & les Reynes de Pologne font pour l'ordinaire étrangers.

Le Senat eft compofé des Archeuefques, des Euefques & des Palatins : L'Eftat Ecclefiaftique tient le premier rang.

CHAPITRE III.
Des Villes de Pologne.

DAntzic eſt la premiere Ville de Pruſſe, aſſiſe ſur la Viſtule, aux bords de la Mer Baltique, qui fait vn Eſtat particulier, & forme vne Republique ſous la protection des Roys de Pologne : C'eſt vne Place qui ſurpaſſe de beaucoup les Villes les plus belles, les mieux fortifiées, les plus riches, & les plus ſuperbement baſties qui ſoient non ſeulement dans le Royaume, mais encor dans vne grande partie de l'Allemagne ; elle eſt le Magazin de la Pologne ; les Bleds y deſcendent ſur la Viſtule, & de là ſe tranſportent preſque par toute l'Europe : Son Port eſt auantageux, defendu par quatre Forte-reſſes, dont l'vne eſt capable de ſoute-nir les plus puiſſans efforts d'vne Ar-mée navale ; & ſon Arſenal magnifi-que garny de pluſieurs Pieces de fonte,

de poudres, de bales, & d'autres armes
offenſiues & defenſiues. L'Egliſe de
Noſtre-Dame eſt vn Vaiſſeau de grande
étenduë; on y voit vn Pain petrifié,
vne Main qui ſortit il y a huit ans trois
fois hors du ſepulchre; vne Perſpectiue
bien eſtimée, & vn Tableau du dernier
Iugement, qui paſſe parmy les gens de
l'Art pour vn ouurage ſans prix: L'Empereur Rodolphe en voulut donner
quarante mille eſcus. Les Lutheriens
tiennent en cette Ville le premier rang;
les Catholiques ſuiuent; les Reformez
ont le troiſiéme, & le dernier les Ana-
baptiſtes, auec leurs Temples, & vn
libre exercice de leur Religion. L'am-
bre ſe trouue communément aux bords
de la Mer.

Les Dames ne ſont point en cette
Ville d'vne beauté acheuée, mais elles
ſont ciuiles, bien veſtuës. & d'vn accés
aſſez facile: Elles parlent Polonois &
Allemand.

Les enfans parlent Polonois, Allemand, Latin; & la plus grande partie
des Marchands ſçauent le Polonois,
l'Allemand, le Latin, l'Italien, & le
François.

Quoy que la Ville de Dantzic soit vne Ville libre, & qu'elle ait son Conseil, les Roys de Pologne y créent tous les ans vn nouueau Magistrat pour presider, mais il faut que ce Magistrat soit pris du Corps des Senateurs.

Thorn est vne des principales Villes de Prusse; ses bastimens & son Hostel de Ville ne sont point à mépriser.

Varsouie est en Mazouie, la residence ordinaire de Sa Majesté Polonoise, bastie sur la Vistule, de peu d'étenduë, mais bien peuplée : La grande Place, la Pyramide, l'Arsenal, quelques Maisons particulieres, le Palais, le Chasteau, & le Iardin Royal, sont à considerer. Les Iesuistes, S. Iean, & S. Martin, sont les premieres Eglises; on y rencontre quantité de Dames jolies, galantes & enjoüées.

Cracouie estoit autrefois le Siege & la demeure des Roys de Pologne, Ville riche & peuplée, assise sur la Vistule. Son Academie est en tres-grande esti-

me ; elle fut fondée par Caſimir I. il y a
enuiron trois cens ans, qui obtint du
College de Sorbonne à Paris des Pro-
feſſeurs qui ont eſté les premiers & les
principaux Autheurs de cette haute
reputation qui la rend aujourd'huy ſi
recommandable.

Le Chaſteau baſty ſur la Viſtuſe eſt
vn lieu de tres-grande étenduë, ſans
forme, & ſans aucune apparence :
neantmoins la grandeur de ſes baſtimens, la hauteur de ſes Tours, la commodité de ſes Chambres, anti-Cham-
bres, & Cabinets de plein pied, ſes
voûtes, & ſes lambris ſuperbement dorez, ne témoignent pas moins que la
demeure d'vn des plus puiſſans Princes
de l'Europe.

L'Egliſe Epiſcopale eſt enfermée
dans le Chaſteau : Le Corps du B. H.
Staniſlaüs Eueſque de Cracouie, repoſe
au milieu du Chœur.

Les Prebendes rapportent trois
mille liures de rente, les Dignitez
quinze mille, & l'Eueſché cent mille
eſcus. Les Roys de Pologne tirent
preſque tous les Archeueſques & les

Euefques de ce Chapitre là. On voit
dans le Trefor des Chaffes de cinquante mille liures, des Mitres fans
prix, & des pierreries fans nombre.

La grande Place eft tout à fait magnifique; elle eft d'vne vafte étenduë,
fituée dans le cœur de la Ville, répon-
dante aux dix principales Ruës, & enuironnée de quatre fuperbes rangs de
Palais à l'Italienne, qui font fermez de
portes de fer, & qui peuuent loger
commodément vn Prince & fa fuite.

Cracouie, par excellence, eft ap-
pellée la Rome de Pologne; & fon
Academie, la Fille de l'Vniuerfité de
Paris.

La Ville de Cafimire, feparée de
Cracouie par la Viftule, eft vne Place
qui fe fouuiendra long-temps des Armées Suedoifes.

La Ville des Iuifs, qui eft fa voifine,
pouroit bien eftre dite par honneur la
premiere Ruë de l'Enfer; elle eft fale,
puante, & fi infectée, qu'elle eft capable, fi elle auoit vn air moins pur, de
nourir

nourir la peste, & entretenir la conta-
gion l'espace de plus d'vn Siecle. Les
Ruës y sont sans paué, & les maisons
n'ont qu'vn étage qui passeroit facilement parmy nous pour vne Escurie:
Les enfans y joüent, y dorment, &
mangent auec les Pourceaux; & le
Maistre du logis n'y a point d'autre
lieu pour sa table & pour son lit, que
l'auge & le ratelier de ses Bœufs : c'est
vn plaisir de voir vn tel ménage; l'Arche de Noé n'eut iamais tant de meubles & d'outils qu'en contient la derniere maison d'vn de ces Peres de fa-
mille, leur mestier fait tout, leur
science passe l'vniuerselle, leurs four-
bes n'ont point de bornes, & leur auarice est vn abysme dont on ne peut
trouuer le fond. Vous les verriez auec
vn chapeau de drap de Holande écarlat
à trois pieds & demy de hauteur, capable de receuoir toute sorte de formes
tant anciennes que modernes : Leurs
cheueux sont balayez vne fois en trois
ans, car d'vser du peigne, les dents se-
roient trop rudes pour des peaux si de-
licates; de sorte que leurs testes demeu-

F

rent en friche, & deuiennent entierement femblables à ces vieilles Forefts
qui font garnies de ronces & de brof-
failles pour donner à toute forte d'animaux vne retraite plus affeurée : Leur
front eft releué en rides, & leurs yeux
font enfoncez; leur nez qui n'eft pas
moins long que leur veuë, joüit d'vn
odorat plus fubtil que celuy de l'Ef-
pagneul, toûjours en quefte fur les
voyes du profit & des vfures ; leurs
joües conferuent vn maigre em-
bonpoint, leurs dents font comme
des os pouris, & leur menton pointu
eft chargé d'vn poil de Veau qui finit
ce beau vifage, & accomplit vn ouurage que l'Art & la Nature ne fçauroient imiter. Ces venerables Patrons
font reueftus d'vn habit qui porte les
Quatre-temps, & dont le nombre des
pieces & des morceaux égalent du
moins celuy des jours qu'ils ont vefcu;
cependant ils font en quelque credit,
poffedent des richeffes, & ont des priuileges affez particuliers.

Nevvamborg, Graudentz, Colmen-

fée, Breffini, Nouemjafto, & quantité
d'autres que ie pourois vous nommer,
font des Places qui n'ont que le nom.
Cum Pauperū tabernis quattuor aut septem,
Si fit latiſſima villa.

CHAPITRE IV.
Du Gouuernement de Pologne.

LA Pologne eſt vn Eſtat dont le
Gouuernement eſt Monarchique
& Ariſtocratique: Il eſt Monarchique,
parce qu'elle reconnoiſt vn Roy; il eſt
Ariſtocratique, parce que le Roy n'y
eſt point vn Prince abſolu qui puiſſe
de ſon authorité particuliere, ſans le
conſentement des Senateurs, diſpoſer
& reſoudre des affaires.

Rector eſt Senatus ſed regnantis.

De ſorte qu'il eſt obligé d'obſeruer
ce qui s'enſuit.

Dans les affaires d'importance, le
Roy enuoye par ſon Chancelier aux
Archeueſques, aux Eueſques, & aux

F ij

Palatins, des Lettres qui font appel-
lées *inftructionis Litteræ*, parce qu'elles
portent l'eftat des affaires que Sa
Majefté leur veut propofer à l'affemblée, & leur marquent le temps de fe
rendre à la Cour. Ces Lettres receuës,
chacun des Senateurs examine en particulier la nature, la qualité, les fuites,
& les confequences des propofitions,
aufquelles il a la liberté de répondre
affirmatiuement, negatiuement, &
felon qu'il le juge plus à propos, ou
pour le bien du public, ou pour fon
intereft particulier.

Le Roy enuoye encor fes Lettres
dans les Palatinats, dont la Nobleffe
auffi-toft s'affemble pour élire vn
Nonce, c'eft à dire choifir vne Per-
fonne de merite, fuffifante, & capable
de parler au nom de la Prouince, &
pour refoudre d'vn confentement vni-
uerfel ce qui leur eft propofé; car s'il
arriuoit qu'vn fimple Gentilhomme
ne voulut point admettre ce que l'affemblée concluroit, il feroit impoffible
de paffer outre; le Nonce ne pourroit partir, & la Prouince n'auroit

ny droict, ny voix aux Eftats generaux.

Apres que ces affemblées Prouinciales font finies dans le terme prefcrit
par Sa Majefté, les Senateurs & les
Nonces fe rendent à la Cour, où le
Roy fuiuy du Chancelier, leur ayant
fait connoiftre derechef le fujet & la
caufe pour laquelle ils font mandez,
écoute & reçoit leurs auis ; les affaires
fe terminent *nemine reclamante, nemine
diffentiente* ; autrement *comitia ruunt*, la
Diete eft rompuë, chacun fe retire, &
les propofitions auancées retournent
dans les idées de ceux qui les auoient
conceuës.

Ie voudrois bien vous faire voir fi
cette forme de gouuerner eft plus auan-
tageufe au public, que la puiffance ab-
foluë d'vn Roy ; mais ce feroit m'en-
gager dans vn difcours d'vne trop longue fuite, & dont la conclufion feroit
tres-difficile ; l'vn & l'autre party a
fes raifons : Ie vous diray feulement
que les Polonois, idolâtres de leur liberté, ne font point encor en eftat de
fe défaire de leurs maximes.

F iij

Les affaires ordinaires ſe paſſent
deuant des Iuges établis en chaque
Palatinat.

Il faut remarquer qu'il eſt permis à
toute ſorte de perſonnes d'entrer & d'é-
couter ce qui ſe propoſe dans les aſſem-
blées Prouinciales; de ſorte que le dernier Paiſan peut apprendre & diuul-
guer ce qui ne deuroit iamais ſortir le
Cabinet du Prince: Si l'on y traitte
de la guerre, les ennemis en ont de bonnes nouuelles, demeurent ſur leurs gardes, & bien ſouuent les preuiennent
auant meſme qu'ils ſoient entr'eux
conuenus de ce qui eſt abſolument neceſſaire à la conduite de leurs troupes:
On ſçait par tout combien d'hommes
feront au Corps de reſcrue, quelle ſera
l'auantgarde, quelles ſont les proui-
ſions, les auantages, & le deſauantage
de l'Armée: enfin l'on ne manque
point d'eſtre bien informé de leur deſ-
ſein, de leurs forces, & du moyen de
les ruiner.

En verité quand ie conſidere atten-
tiuement les maximes de cet Eſtat, que
i'examine auec combien de lenteur &

de difficulté les affaires se concluent,
que ie vois le pouuoir d'vn Roy borné
& limité, que ie vois des subjets auec
tant de licence & tant de liberté, que
le moindre par vne ignorance obstinée,
ou par vn caprice particulier, peut s'o-
poser impunément aux volontez du
Prince, & rompre tout ce qu'vn Corps
a resolu; & enfin quand ie regarde
auec quels ressorts on fait mouuoir cet
Empire, ie puis dire asseurément que
cette Politique ne sçauroit procurer
au public beaucoup d'auantages,
& que les Alliez de cette Couronne
n'en receuront iamais de grands
secours, mais seulement qu'elle est
adroitement inuentée pour la subsis-
tance des pauures Gentilshommes qui
se rendent necessaires par la liberté de
leurs voix, & recommandables par
celles de leurs suffrages.

Fundamentalis Reip. Poloniæ Lex est, vt
in comitijs vno vetante ac contradicente Lex
ferri non possit.

MONNOYE DE POLOGNE.
Czervvony zloty, qui vaut, monnoye
de France,   6 liures.

Talar,	3 liures.
Ort,	12 fols.
Szoftaĸ,	4 fols.
Pultoraĸ,	1 fol.
Grofz,	8 deniers.

Szelong. Il en faut quatre & demy pour vn de nos fols.

L'on compte ordinairement par florins, comme on fait icy par liures; vn florin vaut autant que vingt fols.

CHAPITRE V.

Des interefts de Pologne.

LEs interefts de Pologne demandent que le Roy & la Nobleffe viuent en paix, & foient dans vne bonne intelligence; de ne point quereller le Turc, d'aimer les Suedois, de s'allier aux Perfans, d'empefcher les courfes des Tartares, & de ruiner les Mofcouites; d'apprehender la Maifon d'Auftriche, & de regarder la France comme

celle qui peut arrester les armes Impe-
riales, si elles entreprenoient sur ce
Royaume.

La Pologne porte de gueules, à l'Aigle d'argent, couronné, becqué, &
membré d'or.

DE LA
REPVBLIQVE
DE VENISE.

CHAPITRE I.

De la qualité du Païs, & des Nobles Venitiens.

LA Republique de Venise est bornée de l'Estat Ecclesiastique & du Duché de Mantouë vers le Midy, du Milanois au Couchant, de la Valteline vers le Septentrion, & au Leuant d'vne partie de la Carniole & de la Dalmatie.

Elle est diuisée en quatorze Prouinces, qui sont.

Le Treuisan.
Le Dogado.
Le Padoüan.
Le Vicentin.
Le Veronese.
Le Friul.
Le Cadorin.
La Polesine.
Le Bellunese.
Le Cresmasc.
Le Feltrin.
Le Bressan.
L'Istrie.
Et le Bergamasc.

En Dalmatie elle a encor quelques Places, auec les Isles du Golfe de Venise; celles de Corfou, de Cefalonie, & de Xante au Leuant; le Royaume de Candie, & quelques Villes dans l'Archipel.

Elle est traittée de sublime, & elle est la seule en Italie qui soit souueraine & indépendante : Les autres Principautez reconnoissent ou l'Empire, ou l'Eglise.

Ses reuenus se montent à plus de
cinq millions de Ducas ; ce qui fit dire
autrefois à vn de ses Ambassadeurs,
que Venise ne manqueroit non plus de
Sequins, que la France de Soldats.

Les Nobles Venitiens sont d'vne
taille mediocre, & d'vn poil brun :
Leur phisionomie melancolique est
heureuse, & ne marque qu'vn grand
Esprit, que beaucoup de discretion,
& qu'vn cœur noble & genereux ; leur
conuersation est tout à fait douce &
agreable ; leur amitié, quand ils l'ont
promise, est fidelle ; & leur préuoyance
est si exacte, que rien n'est capable de
les surprendre ; les accidens les moins
faciles à digerer, ne seruent qu'à nous
faire admirer la force de leur courage ;
la fermeté de leur esprit, & la grandeur
de leur vertu.

Naturellement ils parlent bien.

La liberté est si grande dans tout le
Domaine de la Republique, qu'vn
Maistre n'a pas le pouuoir de battre
son Valet, quelque mal qu'il aye fait ;
il peut bien l'auertir de sa faute, le
chasser, ou le mettre en Iustice, si elle

est de consequence ; & s'il arriuoit
qu'vn seruiteur eut frapé son Maistre,
il seroit excusable, s'il prouuoit que
c'eust esté à son corps defendant.

On les accuse de trop de ceremonie
& d'exterieur dans la Religion; d'estre
dissimulez, & sur tout d'estre vindica-
tifs ; ils gardent long-temps sur le cœur
vne offense receuë, *Manet alta mente*
repostum.

Quand quelqu'vn tire l'épée dans
vne assemblée, toute la compagnie fait
le mesme, craignant que ce ne soit vne
feinte pour surprendre celuy qui n'y
pense pas.

Quand ils marchent la nuit, ils ne
tournent iamais court pour entrer dans
vne Ruë ; mais ils tiennent le milieu,
afin d'éuiter la rencontre de ceux qui
voudroient les attendre.

Quelque perte que fasse vn Venitien
dans le jeu, ou quelque auantage qu'il
y ait, il est toûjours le mesme ; dans
le premier il a assez de constance pour
ne se plaindre point de son malheur, &
assez de modestie dans le second pour
ne pas s'oublier.

Quand il faluë vn Amy particulier en inclinant la tefte, il ofte fon bonnet de la main gauche, & porte la droite fur le cœur, comme s'il luy en faifoit offre.

Les Venitiens font veftus d'vne longue robe de drap de Holande noir, ou de ferge, felon la faifon, auec vne ceinture de velours large de trois doigts, & garnie de boucles d'argent; elles doiuent eftre fourrées de petit gris depuis le mois de Septembre jufques à l'Affenfion; ils portent fur leurs teftes des bonnets de laine noire en forme de calotte : Les dentelles, les paffemens d'or, & les rubans, n'y font point connus.

Vn Noble Venitien ne fait point difficulté d'aller au Marché acheter de la viande, d'y prendre pour vn fol de pommes ou de neffles, & d'apporter au logis dans vn des pans de fa robe pour deux liars de falade.

CHAPITRE II.

De la Ville de Venise.

VEnise fut bastie en 421. dans le temps qu'Attila maltraitoit l'Italie, pour seruir d'ázile contre la cruauté de ce Tyran. Son étenduë surpasse l'ordinaire des Villes; sa situation dans le milieu des eaux du Golfe Adriatique, égale les plus auantageuses; & sa Police est si belle, qu'Athene, Lacedemone, & Carthage, n'ont iamais rien eu qui fût mieux ordonné : Aussi pouuons-nous dire malgré les partisans de leur grandeur, que Venise seule a plus fait, se conseruant douze siecles contre les armes du premier Prince de l'Vniuers, que les trois autres, puis qu'auec toute leur gloire, leur adresse, & leur Politique, il a fallu ceder aux ennemis, & seruir honteusement de trophée à ceux-là mesmes dont elles auoient auparauant triomphé. *A primâ Vrbis origine quod nulli vnquam Ciuitati contigiſſe legimus adhæc vſque tempora per duodecim centum annos integra ſemper ab hoſtili vi Vrbs Veneta perſeuerauit cum tamen opulentiſſima ditiſſimáque auri & argenti Ciuitas ab extremis regionibus barbaros potuerit inuitare.* Voila ce que Loredanus en dit.

Venise eſt baſtie ſur pilotis; ſes Ruës ſont pauées du ſable de la Mer, & ſont baignées par des Canaux qui ſont ornez ſur leurs bords de baſtimens plus riches & plus ſuperbes que les Palais de l'ancienne Rome. Le trafic s'étend juſqu'aux extremitez de la terre; ſon credit eſt vniuerſel, & la richeſſe de ſes Marchands incroyable.

Le Palais du Doge eſt ſans contredit le premier; l'entrée principale eſt jointe à l'Egliſe de S. Marc, & ſon portique ſoûtient vn Lyon aiſlé, auec la Statuë du Duc Foſcarus: Il s'y voit vne grande court, trois corps de logis, vn eſcalier de marbre, auec les deux Coloſſes des Dieux Mars & Neptune. Les appartemens du Prince, la Salle du

College, la Salle du Conseil des Dix, la Salle du Grand Conseil.

La Salle du College est superbement dorée; le Trône Ducal est à l'vne des extremitez, & au dessus l'image de Venise est representée par vne Reyne qui couronne le Prince. C'est dans cette Salle que le Doge assisté des Senateurs, traitte les affaires de la Republique.

Dans celle du Grand Conseil on fait l'election des Magistrats. Cette Salle est large de soixante-treize pieds, & longue de cent cinquante, enrichie de peintures qui representent l'Histoire d'Alexandre III. souuerain Pontife, & de l'Empereur Frederic, auec la reduction de Constantinople au pouuoir des Venitiens.

La Chambre du Conseil des Dix n'est pas moins magnifique.

Il y a encor vne Salle qui est garnie d'armes pour quinze cens hommes, qui sont toûjours chargées, auec six cens mesches qui s'alument en vn instant par le moyen d'vne rouë; & vn Coffre à l'ouuerture duquel il y a quatre Piſtolets qui tirent pour tuer celuy qui l'ouure.

S. Marc eſt vne des anciennes Egliſes d'Italie, baſtie de marbre, & diuiſée en cinq dômes couuerts de plomb: Le paué de jaſpe & de porphire, trauaillé à la Moſaïque, eſt plus que prétieux : Le Maiſtre Autel eſt ſouteņu par quatre grands piliers, ſur leſquels l'ancien & le nouueau Teſtament ſont en relief ; & la Chapelle du S. Sacrement, par quatre colomnes d'albaſtre que l'on dit auoir ſeruy au Temple de Salomon. C'eſt en cet endroit que repoſe le Corps de S. Marc Euangeliſte, & qu'on garde ce fameux Treſor qui ne peut eſtre aſſez honoré pour la ſainteté de ſes Reliques, & qu'on ne ſçauroit ſuffiſamment eſtimer, pour les perles, les diamans, & les pierres prétieuſes dont il eſt enrichy.

Il y a dans le Treſor des Reliques.

Du Sang de N. S. Ieſus-Chriſt.

Vne Croix d'vn demy-pied de hauteur, faite du bois de la Sainte Croix.

Le Couteau de S. Pierre.

Du Lait de la B. H. Vierge.

Vn Clou de la vraye Croix.

Vne Image de S. Iean Baptiste.

Le Doigt de S. Marc.

Vne Epine de la Couronne de N. Seigneur.

L'Image de la Sainte Vierge tirée par S. Luc Euangeliste.

Vn Doigt de Sainte Marie Magdelaine.

L'Anneau de S. Marc.

Vne Coste de S. Estienne.

Vn Bras de S. Luc.

Vne Cuisse de S. Theodore.

L'Euangile écrite de la propre main de S. Marc sur des feüilles d'arbres.

Vne Cuisse de S. George.

De la Robe de N. Seigneur.

De la Robe de S. Iean Baptiste.

Des Cheueux de la Sainte Vierge, ils sont à demy roux.

Les Os de S. Mathieu.

La Base de la Colonne où N. Seigneur fut flagellé.

Vne Dent de S. Marc.

On voit dans le Tresor des pierreries.

Vn Sceau fait d'vne feule Agathe.

Vn Pot fait d'vne Agathe.

L'Anneau que le Roy Henry III. donna à la Republique.

Vne Turquoife qui fait vne Taffe.

Vne Coupe d'vne Emeraude.

Vne Coquille de Limaçon faite de Criftal de montagne.

La Paix de la Meffe, auec huit perles.

Vne feconde Paix, où Dieu le Fils eft reprefenté en or au jardin des Olines, monté fur vne Roche qui eft faite d'vne feule perle; fa groffeur & fa beauté furpaffent toute croyance.

Vn Saphir bleu, qui reprefente l'Image de Sainte Helene.

Vn Saphir du Cardinal Grimaldi.

Vn Rubis auec trois perles, qui pefe fix onces.

Le Bonnet du Doge, qui pefe en or huit marcs. Ce Bonnet eft chargé de vingt-quatre groffes perles, de feize émeraudes, de quinze rubis, & d'vn diamant à fix pointes des plus brillans qui fe voyent.

Vne Croix d'or enrichie de perles & de pierreries.

Deux prodigieux Escarboucles, & cinq autres plus petits; le moindre est estimé trois cens mille écus.

Vn Tableau de S. Hierosme, de pierres rapportées, trauaillé à la Mosaïque.

Vn Calice, douze Couronnes, & douze Corcelets d'or, chargez de perles & de diamans.

Deux grands Bois de Licorne; le masle est d'vne couleur qui n'est pas tout à fait rouge, & la femelle est blanche.

Cette Eglise a cinq portes de fonte qui regardent la Place; au dessus de la principale sont quatre Cheuaux de cuiure doré, d'vn mesme trauail & d'vne égale grandeur, sur le modele des quatre qui seruirent à l'Arc de Triomphe quand Neron victorieux des Parthes entra dans Rome. Les Venitiens, apres la prise de Constantinople, les enuoyerent à la Republique.

La Place de S. Marc est vn lieu si riche & si beau, que les plus superbes bastimens de l'Europe doiuent luy ceder: Elle est enuironnée de trois grands

Palais baſtis de marbre, ſi magnifiques,
que ie dirois volontiers qu'ils ſurpaſ-
ſent l'idée & le concept des Archite-
&es les plus habiles. En effet, leur reguliere ſimetrie, la hauteur des pilaſ-
tres, la propreté des niches, la richeſſe
des Statuës, le criſtal de leurs ſuperbes
croiſées, & la delicateſſe d'vne frize
d'albaſtre, ont tant de beautez ſurpre-
nantes, qu'on ne peut ſe les imaginer
ſans les auoir veuës, ny meſme les re-
preſenter, apres les auoir admirées.
L'Egliſe de S. Marc la termine ; le
Palais du Prince, & celuy de la Biblio-
theque, l'accompagnent ; & la Mer
qui épanche auſſi lentement ſes vagues
ſur les bords de cette Place, que ſi elle
n'eſtoit pas plus profonde qu'vne petite Riuiere, a quelque choſe de grand,
qui plaiſt, & qui inſpire du reſpe&.
D'vn coſté on voit le Port de Mala-
moco, qui fait vn fort bel objet ; & de
l'autre pluſieurs Cabanes de Peſcheurs,
qui par leur ruſticité ornent ce paï-
ſage Maritime : Ioint que cette vaſte
étenduë de Mer qu'on voit, & qui
ſemble s'vnir auec le Ciel, eſt chargée

en tout temps de Gondoles, de Vaiſſeaux, de Galeres, & de Fregates, qui
vous donnent lieu à vne perſpectiue la
plus charmante & la plus agreable qui
fut jamais.

Neſcio an terrarum orbis par habeat,
  dit Petrarque.

Sur le bord de la Mer, entre le Palais
du Prince & celuy de la Biblioteque,
on voit deux puiſſantes Colomnes qui
furent apportées de Conſtantinople au
temps de Sebaſtien Ziani ; ſur l'vne eſt
le Lyon de S. Marc, & ſur l'autre la
Statuë de S. Theodore. Elles ont eſté
dreſſées par Nicolas Berratier de Lom-
bardie, qui ne voulut auoir de la Republique autre recompenſe de ſon trauail, que la permiſſion aux Bateleurs
de joüer dans la Place, d'y expoſer
leurs emplaſtres, & de tromper impunément le Peuple.

L'Arſenal répond ſuffiſamment à la
haute eſtime que les Venitiens ſe ſont
acquiſe par toute l'Europe, & nous
prouue aſſez bien le credit, le pouuoir,
& l'autorité de cet illuſtre Senat. On
peut dire que c'eſt vne Ville baſtie dans

la Mer, fermée de puissantes murailles, & defenduë d'vne garnison si forte, qu'elle est capable de soutenir facilement vn Siege: Les Ruës, les Canaux, les Places, & les bastimens, n'y sont pas moins agreables que magnifiques: Les Salles y sont extraordinairement grandes.

Dans la premiere il y a des armes pour équiper vingt-cinq Galeres.

Dans la seconde, pour armer deux mille Soldats de terre ferme.

Dans la troisiéme, des Pistolets & des Rondaches remportées sur le Turc.

Dans la quatriéme, des armes pour deux mille hommes, auec l'armure du Caualier S. Odro, & la visiere du Cheual de Barthelemy Coüillon de Bergues.

Dans la cinquiéme, pour quatre cens hommes, auec l'armure de Sebastien Ziani Prince & Duc de Venise, qui se rendit Moyne apres auoir seruy la Seigneurie vne longue suite d'années.

Dans la sixiéme, sont les armes des Genois,

Genois, faites de toille, renforcées de fer, qu'ils auoient preparez pour entreprendre fur la Republique ; & l'armure de Scanderberg. Son épée fe voit à S. Marc.

La feptiéme eft pour la Forgerie.

Dans la huitiéme, il y a des ferremens pour trente Galeres, & douze Galiaces.

La neufiéme eft le Magazin des Clous. On y garde vn Clou du Galion Balbi, qui pefe cent trente-quatre liures. Pour vne Galiace il faut fix cens liures de fer.

La dixiéme fert à la Charpenterie.

Dans la vnziéme il y a des Rames pour cent Galeres & vingt Galiaces. On met cinquante-deux Rames à vne Galere, & fept Hommes fur vne Rame.

Dans la douziéme on voit la Chaize de l'élection du Prince. On le promene dans cette Chaize par la Ville, pour eftre veu & agreé du Peuple, qui ne manque point de receuoir ce jour là quelque finance pour donner plus facilement fon fuffrage.

G

Dans la treiziéme font les Rames d'vne Galere Turque.

La quatorziéme & la quinziéme font pour des Canons.

La feiziéme pour le Filoir. Cette Salle eſt longue de quatre cens pas, foutenuë de quatre-vingts piliers, & percée de cent croiſées.

La dix-feptiéme eſt pour le poids.

La dix-huitiéme & dix-neufiéme, pour le Sel & le Salpeſtre.

Dans la vingtiéme font des Pouliës.

Dans la vingt-vniéme, des Grenades, & deux Canons d'vne Galiace Turque.

Dans la vingt-deuxiéme, vingt-troifiéme, & vingt-quatriéme, font des Canons. On voit dans la vingt-deuxiéme, vn Canon qui fut fait pendant le difner d'vn Doge. Dans la vingt-troifiéme, trois Canons; l'vn porte fept bales, l'autre trois, & le dernier eſt fait de cuir boüilly.

La vingt-cinquiéme renferme beaucoup d'armes. Ce fut dans cette Salle que difna Henry III. Pendant qu'il fut à table, on baſtit yne Galere, & on fit trois Canons.

Dans la vingt-sixiéme, vingt-sep-
tiéme, & vingt-huitiéme, sont des
armes pour vingt mille Caualiers.

Dans la vingt-neufiéme, pour armer
douze Galiaces. On y voit quatre Lan-
ternes du Turc.

Dans la trentiéme sont des Pistolets
& Carabines pour cent Cheuaux legers.

Dans la trente-vniéme sont deux
mille Mousquets.

Dans la trente-deuxiéme, des armes
pour cinquante Galeres.

Dans la trente-troisiéme, des affuts
& vn Canon qui fut trouué en Candie,
remply d'or & de pierres prétieuses.

Dans la trente-quatriéme, des Bales.

Dans la trente-cinquiéme, des
Rouës.

Dans la trente-sixiéme, des Timons
de Galiace.

Dans la trente-septiéme, des petits
Mats.

Dans la trente-huitiéme, des Mats
de dix-sept brasses, ou de quatre-vingts
deux pieds, desquels pour peu douce-
ment que vous frapiez l'vne des extre-

mitez, le bruit se fait entendre à l'autre bout.

Dans la trente-neufiéme est vne Galere.

Dans la quarantiéme, le Chasteau de bois nommé Gajandra. Ce bastiment percé comme vn crible, ne peut couler à fond.

Dans la quarante-vniéme, deux Galeres Turques.

Dans la quarante-deuxiéme & quarante-troisiéme, sont des Cordes.

Dans la quarante-quatriéme se voit ce fameux Bucentore; la voûte de son Tillac couste en dorure dix-sept mille Sequins. Le Duc de Venise accompagné des Ambassadeurs & des Nobles, le monte au jour de l'Assension pour épouser la Mer: Il jette dedans vn Anneau d'or, qui est vne Ceremonie que la Republique obserue depuis plusieurs années, & qui marque qu'elle est la Maistresse & la Souueraine du Golfe Adriatique. On dit que cette puissance luy a esté donné par le Pape Alexandre III. qui se retira à Venise pour éuiter les persecutions de l'Empereur Frederic Barberouſſe.

De vous dire le nombre des Galeres, & vouloir vous décrire en particulier tout ce qui s'y trauaille, ce ne ſeroit iamais fait. Vous ſçaurez ſeulement que deux mille Ouuriers bien payez & bien entretenus, ne s'épargnent point au ſeruice de la Seigneurie. Leurs gages ſe montent à dix mille Ducas de Veniſe par ſemaine.

Le Vin eſt à leur diſcretion.

Les Etrangers qui veulent voir ce ſuperbe Arſenal, y ſont receus auec beaucoup de ciuilité, & ont la Collation gratis auant que d'en ſortir.

Moran eſt vne Iſle éloignée de Veniſe d'vn mille, & fermée de la Mer, le lieu où ſe font ces excellens ouurages de cryſtal. En verité on y rencontre quelques pieces qui meritent d'eſtre conſiderées, & qui pouroient n'auoir point de prix, ſi auec tant de beauté, tant de figures, & tant de gentilleſſe, elles auoient moins de fragilité.

Il m'eſt impoſſible de vous faire le plan des ſoixante Iſles qui ſont aux enuirons de Veniſe, dé vous décrire cent

quarante Palais, dix-sept Hospitaux,
soixante-sept Parroisses, cinquante-
quatre Monasteres d'Hommes, vingt-
six Conuents de Filles, & vous parler
dans le détail de cent soixante-cinq
Statuës de marbre, de vingt-cinq de
bronze qui sont erigées en memoire
des Personnes de merite. La plus superbe est celle de Barthelemy Couïllon
General de l'Armée Venitienne, dres-
sée deuant l'Eglise de S. Ioan Paul.

Les Ponts sont au nombre de quatre
cens cinquante, les Gondoles de trente
mille, auec vne infinité de Canaux. Le
premier appellé le grand Canal, est
large de soixante pas, & long de quinze
cens, ses eaux passent au Pont de Rialte
qui est basty de marbre sur vne seule
arche, & porte trois maistresses Ruës,
auec deux superbes rangs de logis.
Il y a dans cette Ville des particuliers si riches, qu'il n'y a pas long-
temps que douze Familles de Bourgeois offrirent jusqu'à cinq millions
de Ducas pour auoir le titre de No-
blesse.

L'Eglise de S. Marc a vingt-quatre

Chanoines fous vn Chef qu'on nomme
Primicier, qui doit eftre choifi par le
Prince, & qui porte le Roquet, la
Mitre, l'Anneau, & les autres orne-
mens de l'Euefque : Il donne la bene-
diction au peuple, & peut accorder
quarante jours d'Indulgence.

Venife a fuccedé au Patriarchat de
Grade.

Vne Fille en cette Ville entre en
Religion dés l'âge de trois ans, & n'en
fort point que pour eftre mariée. Les
parens paffent le Contract de fon mariage fans fon confentement, & fans
luy permettre mefme de voir fon futur
Epoux. Quand ils font d'accord, on la
fait fortir du Conuent, & on la met
entre les mains de celuy qui en fait la
demande; c'eft vn malheur quand elle
ne luy plaift point, car il ne fçauroit
plus retirer fa parole. Les ceremonies
du mariage fe font à la commodité des
conjoints, pour l'ordinaire fix mois
apres la confommation; & bien fouuent quand l'Epoufée eft groffe, le
Preftre la marie.

Les gentilles Donnes, quoy qu'efcla-

ues, prifonnieres, & malheureufes, font
autant fages qu'elles font belles. Si les
autres Dames ne font point fi parfaites,
elles font du moins plus obligeantes, &
fe donnent quelquefois des libertez qui
ne fçauroient déplaire aux étrangers.

Venife porte d'azur, au Lyon de
S. Marc, d'or. Ce Lyon eft aiflé, montre les deux yeux, paroift naiffant, &
tient vn Liure où font écrits ces mots,
Pax tibi Marce Euangelifta meus.

Viderat Adriacis Venetã Neptunus in vndis
Stare Vrbem, & toto ponere jura mari
Nũc mihi tarpeïas quamtũuis Iuppiter arces
Obyce, & illa tui mœnia Martis, ait,
Si Pelago Tyberim præfers, Vrbem afpice
vtramque
Illam homines dicas, hanc pofuiffe Deos.

Sannazarius Neapolitanus.

FIN.

TABLE DE LA ROVTE

& des commoditez qu'on peut prendre pour voir les Villes cy-dessus décrites, des Auberges où on logera, & de la dépense qu'on doit faire.

DE PARIS EN ANGLETERRE.

Dieppe,   30 lieuës.
Logez à la Place Royale, & payez par repas,   20 sols.
Rie,   30 l.
Payez pour le passage de la Mer, 3 liu.
Logez à l'Escu de France, & payez par repas,   15 sols.
Grauesand,   30 l.
Payez en poste,   9 liures
Logez à S. Christophle, & payez par repas,   20 sols.
Londres,   10 l.
Payez en Bateau sur la Tamise, 10 sols.
Logez à la Ville de Paris, au Commune gardin, & payez par repas, 12 sols.

TABLE.

D'Angleterre en Zelande.

Middelborg,   30 l.
Payez pour le passage de la Mer,   3 liu.
Logez à l'Ecu de France, & payez par
  repas,   15 sols.
Flessingue,   3 l.
Payez en Chariot,   3 sols.
Logez à la Ville de Roüen, & payez
  par repas,   25 sols.

De Zelande en Flandres & Brabant.

Le Sac de Gand,   10 l.
Payez par Mer,   8 sols.
Gand,   10 l.
Payez en Bateau,   5 sols.
Logez à la Rose, payez par repas,   12 s.
Bruxelles,   10 l.
Payez en Carosse,   3 liures.
Logez au Porcelet dans la Place des
  Chariots de Louuain, & payez par
  repas,   16 sols.
Louuain,   4 l.
Payez en Carosse,   15 sols.
Logez à l'Empereur, & payez par re-

TABLE.

pas, 30 fols.

Malines, 4 l.

Payez en Caroſſe, 15 fols.

Logez au Cygne blanc, & payez par
repas, 20 fols.

Anuers, 4 l.

Payez en Caroſſe, 15 fols.

Logez à l'Ours ſur la Place de la Mer,
& payez par repas, 24 fols.

Breda, 10 l.

Payez en Caroſſe, 5 liures.

Logez au Prince Cardinal, & payez
par repas, 18 fols.

De Brabant en Holande.

Dordrect, 8 l.

Payez par Mer, 15 fols.

Logez au Lyon rouge, & payez par
repas, 15 fols.

Roterdam, 4 l.

Payez par Mer, 4 fols.

Logez à l'Ecu de France, & payez par
repas, 24 fols.

Delf, 3 l.

Payez en Bateau, 8 fols.

Logez à la Nauire, & payez par re-

TABLE.

pas, 18 fols.

La Haye, 2 l.

Payez en Bateau, 4 fols.

Logez au Samfon, & payez par repas, 24 fols.

Leiden, 8 l.

Payez en Bateau, 12 fols.

Logez à l'Empereur, & payez par repas, 12 fols.

Harlem, 4 l.

Payez en Bateau, 6 fols.

Logez à la Nauire, & payez par repas, 16 fols.

Amfterdam, 4 l.

Payez en Bateau, 6 fols.

Logez à l'Electeur de Cologne, fur la
Bermeftad, payez par repas, 15 fols.

Vtrecht, 8 l.

Payez en Bateau, 12 fols.

Logez à la Croix de Ierufalem, & payez
par repas, 16 fols.

Vianne, 8 l.

Payez en Bateau, 12 fols.

Logez à la Rofe, & payez par repas, 18 fols.

Gorcum, 4 l.

Payez en Bateau, 6 fols.

TABLE.

Logez au S. George, & payez par repas,   20 fols.

Boifleduc,   8 l.

Payez en Bateau,   18 f.

Logez à l'Empereur, & payez par repas,   18 f.

Maftricht,   21 l.

Payez en Chariot,   5 liures.

Logez au Heaume, & payez par repas,   40 fols.

D'Holande en Alemagne.

Liege,   3 l.

Payez en Bateau,   15 fols.

Logez à la Pommelette, & payez par
repas,   40 fols.

Aix,   7 l.

Payez en Chariot,   40 fols.

Logez au Poirier, & payez par repas,   40 fols.

Cologne,   15 l.

Payez en Chariot,   8 liures

Logez au Chariot de Poiffon, dans le
Marché au Foin, & payez par repas,   18 f.

Harnen,   40 l.

Payez en Chariot,   20 liures

TABLE.

TABLE.

Delffie, 6 l.

Payez par Mer, 5 fols.

Logez au Cygne couronné, & payez
par repas, 6 fols.

Emdem, 6 l.

Payez par Mer, 10 f.

Logez au Chaffeur, & payez par repas, 15 fols.

Hambourg, 32 l.

Payez par le Meffager d'Emdem pour
le voyage & la nourriture, 27 liures.

Vous pafferez par Auldemborg, Del-
menoft, & Bremen.

Logez à Hambourg à la Ville de Sto-
xolm, & payez par repas, 30 fols.

En Dennemarc.

De Hambourg à Coppenhagen.

De Hambourg à Coppenhagen, 73 l.

Prenez le Meffager, & payez pour le
voyage & la nourriture, 38 l.

Vous pafferez par le Païs de Holftein,
de Funen, & de Zelande. Vous verrez

En Holftein.

Elfuerhorn, 3 l.

Izcezo, 10 l.

TABLE.

Renſborg,   3 l.
Flenſborg,   9 l.
Alſen. Paſſez la Mer,   8 l.

En Fuynen.

Ottenſé,   5 l.
Nibourg,   5 l.
Corſor. Paſſez la Mer du Belf,   4 l.

En Zelande.

Slagels,   2 l.
Rinſgſtad,   4 l.
Roſchilt,   10 l.
Coppenhagen,   10 l.
Logez au Prince, & payez par re-
pas,   -   20 ſols.

En Suede.
De Coppenhagen à Stokolm.

A Elſeneur,   5 l.
Payez en Chariot,   3 liures.
Logez à la Poſte, & payez par re-
    pas,   12 ſols.
Elſimbourg,   1 l.
Payez pour paſſer la Mer,   24 ſ.
Logez à la Poſte, & payez par re-

pas,   15 fols.

Il faut prendre icy la Poſte, payer par
   lieuës,   6 fols,

Et n'oublier point de porter vne Scelle.

Vous paſſerez par

Ingelholm,   3 l.

Laholm,   3 l.

Almeſtad,   3 l.

Yenekopin,   16 l.

Linkopin,

Norkopin,   20 l.

Nykopin,

Telg,

Stokolm,   22 l.

Logez aux trois Couronnes, & payez
   par repas,   30 fols.

Si vous voulez paſſer en Pologne, vous
   vous embarquerez en cette Ville
   pour Dantzic.

Si vous ne deſirez point voir la Suede,
   vous paſſerez

De Coppenhagen en Pomeranie.

A Colbert,   40 l.

Payez pour le paſſage de la Mer, &
   voſtre nourriture,   12 liures

TABLE.

Logez à l'Empereur, & payez par re-
pas,   20 fols.
Dantzic,   30 l.
Payez en poste pour le voyage, 21 liu.
Logez à la Fortune, & payez par re-
pas,   15 fols.

En Pologne.
De Dantzic à Varsouie.

Vous trouuerez à Dantzic des Cale-
ches pour aller à Varsouie. Payez
pour le voyage,   22 liures.
Vous passerez

En Prusse.

Par Nevvemborg.
Graudentz,
Colmensé.
Thorn,
Varsouie.   *En Mazouie.*   30 l.
Logez à l'Etoille, & payez par re-
pas,   30 fols.
De Varsouie à Cracouie.

Prenez icy vne Caleche pour Cracouie,
& payez pour le voyage,   30 liures.

TABLE.

Vous verrez

Tarchin,

Nouemiasto,

Radoschÿte,

Malogozct,

Slomniki,

Cracouie,   45 l.

Logez au Bacchus, & payez par re-
    pas,   30 sols.

De Cracouie en Vienne.

Vous prendrez en cette Ville le Carosse de Vienne. Payez pour le voyage
& la nourriture,   22 liures.

Vous verrez

En Silesie.

Zator,

Psczina,

Zari,

Ribnix,

Ratybor,   12 l.

En Morauie.

Crovv,

Barona,

Givva,

Olmuntz, Euesché de l'Archiduc,

TABLE.

TABLE.

Naimarck,   3 l.

En Carinthie.

Frisac,
S. Veisof,   9 l.
Villaco,   6 l.
Ponteua,   6 l.

En Friuli.

Chiusa,
Vinsona,   4 l.

    Icy finit le mauuais chemin.

S. Daniel,   2 l.
Spilinbergo,   2 l.
Sizillo,   4 l.
Treuiso,   5 l.
Mestre,   3 l.
Venise,   2 l.
Logez au Lyon blanc, & payez par
    jour,   45 sols.

De Venise à Lyon.

Prenez le Courier, & payez pour le
    voyage & la nourriture, 148 liures.
Vous verrez

En Italie.

Padouë,   30 milles.
    Logez aux trois Roys.
Vincence,   18 m.

TABLE.

Logez au Soleil d'or.

Veronne,	30 milles

Logez à la Tour.

Brescia,	40 m.

Logez à la Tour.

Canonica,	30 m.
Milan,	20 m.

Logez aux trois Roys.

Bufalore,	20 m.
Nouare,	10 m.
Vercel,	10 m.
Siam,	16 m.
Chiuas,	12 m.

En Savoye.

Turin,	10 m.

Logez aux deux Fortunes.

Aveillane,	10 m.
Suze,	10 m.
Noualaise, au pied du Mont Cenis.	
Laisnebourg,	3 lieües
Breman,	5 l.
S. Michel,	2 l.
S. Iean de Mauriane,	5 l.
La Chambre,	2 l.
Chambery,	2 l.
Lyon,	

Logez au grand Parc, & payez par

TABLE.

jour, 3 liures.

De Lyon à Paris.

Vous prendrez le Meſſager. Payez
pour le voyage & la nourriture, qua-
rante-cinq liures.
Vous verrez
Tarare,
Roüane,
La Paliſſe,
Moulins,
Neuers,
La Charité,
Poüilly,
Bony,
Briar,
Nemours,
Fontainebleau,
Eſſonne,
Paris,   100 lieuës

FIN.

www.ingramcontent.com/pod-product-compliance
Lightning Source LLC
Chambersburg PA
CBHW072036080426
42733CB00010B/1916